www.ingramcontent.com/pod-product-compliance
Lightning Source LLC
LaVergne TN
LVHW010206070526
838199LV00062B/4512
* 9 7 8 9 3 5 8 7 2 1 4 8 5 *

بے ہوش محبوب نگری کی نعت گوئی

(تحقیق و تنقید)

محمد محبوب

© Taemeer Publications LLC

Behosh Mahaboobnagri ki Naat goi

by: Mohammed Mahaboob

Edition: August '2023

Publisher & Printer:

Taemeer Publications LLC (Michigan, USA / Hyderabad, India)

ISBN 978-93-5872-148-5

9 789358 721485

مصنف یا ناشر کی پیشگی اجازت کے بغیر اس کتاب کا کوئی بھی حصہ کسی بھی شکل میں بشمول ویب سائٹ پر اَپ لوڈنگ کے لیے استعمال نہ کیا جائے۔ نیز اس کتاب پر کسی بھی قسم کے تنازع کو نمٹانے کا اختیار صرف حیدرآباد (تلنگانہ) کی عدلیہ کو ہو گا۔

© تعمیر پبلی کیشنز

کتاب	:	**بے ہوش محبوب نگری کی نعت گوئی**
مصنف	:	**محمد محبوب**
صنف	:	تحقیق و تنقید
ناشر	:	تعمیر پبلی کیشنز (حیدرآباد، انڈیا)
سالِ اشاعت	:	۲۰۲۳ء
تعداد	:	(پرنٹ آن ڈیمانڈ)
صفحات	:	۲۱۲
کمپوزنگ	:	شفیع سلمان، الامین گرافکس، نظام آباد
سرورق	:	تعمیر ویب ڈیزائن

انتساب!

والدین اور اساتذہ کے نام!

جن کے فیض تربیت سے میں نے

زندگی کا ادب وسلیقہ

اور

پیاری زبان اُردو سے محبت کا جذبہ سیکھا۔

ابھی زندہ ہے ماں مری مجھے کچھ بھی نہیں ہوگا
میں گھر سے جب نکلتا ہوں دعا بھی ساتھ چلتی ہے

فہرست ابواب

تقریظ :	مولانا محمد عتیق احمد القاسمی	5
محبوب اردو	ڈاکٹر محمد اسلم فاروقی	8
اُردو کے ابھرتے قلم کار محمد محبوب	سید حبیب الدین قادری	10
نئی نسل کے نمائندہ ادیب وصحافی	محمد حسام الدین	13
محمد محبوب ظہیر آبادی میری نظر میں	قاری ایم ایس خان	15
کچھ اس کتاب کے بارے میں	محمد محبوب	17
پہلا باب	: نعت کی تعریف اور نعت گوئی کا فن	25
دوسرا باب	: نعت کا آغاز وارتقاء	56
تیسرا باب	: بے ہوشؔ محبوب نگری کے حالات زندگی شخصیت اور کارنامے	75
چوتھا باب	: بے ہوشؔ محبوب نگری کے نعتیہ مجموعوں کا تنقیدی جائزہ	97
پانچواں باب	: بے ہوشؔ محبوب نگری کی نعت گوئی کا اجمالی وفنی جائزہ	132
چھٹا باب	: بے ہوشؔ محبوب نگری کے کلام کا انتخاب	166
کتابیات		209

بِسۡمِ اللهِ الرَّحۡمٰنِ الرَّحِیۡم

تقریظ

سیرت نبوی ﷺ ایسا حسین گلدستہ اور ایسا دلنواز موضوع ہے جس پر ہر دور کے صاحبِ قلم اور صاحبِ ایمان افراد نے اپنی اپنی بساطِ مستعار کے مطابق چھوٹے بڑے مضامین اور مفاہیم سے لبریز اشعار سے اِس وادیٔ عشقِ رسالت میں قدم رکھا اگر ان سب کا احاطہ کیا جائے تو ان کی تعداد بلا مبالغہ کروڑوں تک پہنچ جائیگی اور ایسا کیوں نہ ہوتا مومن کی زندگی کے شب و روز کا اصل محور و ہدف حبیبِ کبریا ﷺ کا وہ حسین ترین اُسوہ ہے جس کے حسین ہونے پر خود ربِّ کائنات نے لَقَد کَانَ لَکُم فِی رَسُولِ اللهِ اُسوَۃٗ حَسَنَہ کا مہر ثبت کیا۔ جس کے اعلیٰ ہونے پر خود ربِّ کائنات نے اِنّکَ لَعَلٰی خلق عَظِیم کی سند دی۔ جن کی گفتگو کے مصدقہ ہونے پر خود ربِّ کائنات نے ما ینطق عن الھوٰی ان ھوالا وحی یوحی کا مژدہ سنایا۔

خصوصاً وہ قلوب جن میں عشق رسالت ﷺ کی انگھیٹی اپنی جولانی پر ہو تو کیا کہنے۔

بلا مبالغہ ایسی ہستیوں میں سے ایک نام جن کے ذکر کے بغیر دکن کے شعراء کا شجرہ ناقص و ادھورا رہتا وہ بے ہوش محبوب نگری ہیں۔ جن کے شاعرانہ لب ولہجہ سے مزین نعت گوئی تاریخ کا انمٹ حصّہ ہے۔ مبارک بادی کے مستحق ہیں ہمارے لائق و فائق شاگرد عزیزم محمد محبوب سلمہ جنھوں نے اپنی تصنیف کے لئے وہ عنوان منتخب کیا جس کا تعلّق براہ راست اللہ کے حبیب حضرت مُحَمَّد ﷺ کی تعریف و توصیف سے ہے۔ جس میں قلم ولسان زبان و بیان کا لگ جانا مومن کی

معراج ہے۔ مزید مصنف نے جس طرز پر اپنے کتاب کو ترتیب دیا ہے وہ اپنی جگہ ایک مستقل تبصرہ کا متقاضی ہے بعض جزئیات پر تو ایک قاری کو ایسا تاثر دیا کہ ایک اُمتی کو اپنے نبی کی تعریف وتوصیف میں کس حد تک گہری معلومات رکھنی چاہیئے۔ مثلاً باب اول میں نعت گوئی کے لوازم عشق رسول کے حفظ مراتب اور نعت کی اقسام پر بحث کرتے ہوئے ایک جگہ مجید امجؔد کا قول نقل کیا کہ: جناب رسالت مآب کی تعریف میں ذراسی لغزش نعت گو کو حدود کفر میں داخل کرسکتی ہے۔ اور ذراسی کوتاہی مدح کو قدح میں بدل سکتی ہے: واقعتاً مسئلہ ایسا ہی نازک ہے جیسا کہ احؔد اور احمؔد میں ہے۔ ونیز باب دوم میں نعت گوئی کی تاریخ اس کے آغاز اور اس کے ارتقاء کے ادوار کا احاطہ کرتے ہوئے رقم طراز ہیں: (شمالی ہند میں اردو کی باضابطہ نعتیہ شاعری کا ابتدائی نمونہ مرزا محمد رفیع سوؔدا کی شاعری میں ملتا ہے) آگے چل کر لکھتے ہیں کہ حاؔلی کے بعد اقباؔل نے اپنی پیامیہ شاعری کے ذریعہ مسلمانوں کو خواب غفلت سے جگانے کی کوشش انہوں نے یثرب سے اُٹھے نور کے عشق کا بیان کیا۔ اقباؔل کا کلام قرآن وحدیث کی تفسیر ہے انہوں نے مرد مومن کو عشق حقیقی اختیار کرنے کی تلقین کی۔ بات بھی یہی ہے کے حاؔلی واقباؔل کے تذکرہ کے بغیر تاریخ نعت گوئی ادھوری نظر آتی ہے چوتھے باب میں مقالہ نگار نے اپنے اصلی ہدف کے لئے ایک ایسی عبقری شخصیت کو منتخب کیا ہے جنکا سراور سینہ اور جنکی شام وسحر ایسی ذات کی مدح وسرائی میں مگن رہتی ہے جن کی مدح سرائی خود خالق دوعالم نے کی ہے۔ اور آپکی ذات وصفات کو نکھار میں گل تازہ ، عظمتوں میں ماہ کامل، جودسخا میں بحر بیکراں بنایا تھا

الغرض بیہوؔش محبوب نگری کی نعت گوئی میں ان کی بیہوشی اور مدہوشی کو اس انداز اور اچھوتے طرز پر پیش کیا جس میں بیہوؔش ی خانگی وازدواجی زندگی میں ہوش اور اندرون قلب عشق رسول کے جذبات کی بہترین عکاسی ہوتی ہے اور اس شعر نے تو اظہار حقیقت پر تصدیقی مہر ثابت کردی ۔

دل سے گنبد خضراء جب قریب ہوتا ہے

ان کی یاد کا لمحہ کچھ عجیب ہوتا ہے

میں ربّ رحمٰن ورحیم سے امید کرتا ہوں کہ اس خدمت نسبت کی طفیل تمام ہی معاون وانصار خصوصاً مقالہ نگار کے حق میں یہ قراطیس سبب بخشش وحصول شاعت نبوی ﷺ کا ضامن ہونگی۔ (انشاءاللہ)

احقر کو نوجوان مصنف نے اپنی تصنیف پر از اول تا آخر نظر ثانی کرنے کی ذمہ داری سونپی۔ احقر نے اپنی بساط کے مطابق اس کو حرفاً حرفاً پڑھا اور قابل توجّہ جگہوں کی نشاندہی کردی۔ باوجود اس احتیاط کے خامیوں کا رہ جانا ممکن ہے۔ ارباب علم ودانش ان کی نشاندہی کر کے ممنون فرمائیں گے۔ امید اور دعا ہے کہ احقر کی یہ چند تائیدی سطور خود احقر کے حق میں حصول شفاعت نبوی ﷺ کا ذریعہ بنے گی۔

این دعا از من واز جملہ جہاں آمین باد

خواستگار دعا

مولانا مُحمّد عتیق احمد القاسمی خادم جامعہ گلشنِ خیر النّساء ظہیر آباد

محبوب اُردو

علاقہ تلنگانہ میں کرناٹک' مہاراشٹرا کی سرحد پر واقع ظہیر آباد ٹاؤن ہے۔ جو اپنی سرخ حنائی سرزمین کے سبب لوگوں میں مشہور ہے۔ یہ سرزمین اُردو زبان کی آبیاری کے لئے بھی مشہور ہے اور ان دنوں اردو اخبارات' رسائل اور دیگر سرگرمیوں سے جو نوجوان ظہیر آباد کی نمائیندگی کرتے ہوئے شہرت پا رہے ہیں وہ محمد محبوب ہیں۔ ان کا محبوب مشغلہ اردو اخبارات میں حالات حاضرہ پر سیر حاصل مراسلے لکھنا' معلوماتی مضامین تحریر کرنا اور درس و تدریس کی خدمت انجام دینا ہے۔ اس کے علاوہ وہ طلباء تک نصابی کتابیں پہونچانے کا بھی کام کرتے ہوئے فروغ علم کا کام کر رہے ہیں۔ اس کم عمری میں ہی وہ بلا شبہ ''مجاہد اُردو'' کا لقب پانے کے اہل ہیں۔ وہ میرے ہر دلعزیز طالب علم ہیں۔ اور جب 2006ء میں بعد ترقی میرا تبادلہ ظہیر آباد ڈگری کالج ہوا تھا اس وقت مجھ سے رابطہ پیدا کرنے والے سب سے پہلے طالب علم محمد محبوب تھے اور اس وقت سے آج تک یہ ہمیشہ مجھ سے رابطے میں رہے ہیں اور مجھے فخر ہے کہ محمد محبوب جیسا ہونہار طالب علم میرا شاگرد ہے اور کبھی کبھی تو مجھے احساس ہوتا ہے کہ وہ مجھ سے زیادہ مضامین اخبارات و رسائل کے لئے لکھ چکے ہیں۔ محمد محبوب میں سیکھنے اور کچھ کرنے کی صلاحیت ہے یہی وجہ ہے کہ انہوں نے میرے مشورے سے یونیورسٹی آف حیدرآباد سے ایم اے اور ایم فل کیا اور اب پی ایچ ڈی میں داخلے کے لئے کوشاں ہیں۔ اور امید ہے کہ ان کی تحریری اور تحقیقی صلاحیتوں سے بہت جلد وہ اردو میں ڈاکٹریٹ بھی کر لیں گے۔ انہوں نے اپنی تحقیقی کاوش سے علاقہ حیدرآباد اور محبوب نگر کے ممتاز نعت خواں بے ہوش محبوب نگری کی نعت گوئی پر یہ تحقیقی کتاب لکھی ہے۔ یہ تصنیف کی صورت میں ان کا نقش اول ہے اور اس کتاب کو دیکھ کر اندازہ ہوتا ہے کہ نقش اول اتنا اچھا اور معیاری ہو تو

آگے کیا حال ہوگا۔

جہاں نعت کہنا اور نعت پڑھنا ادب و احترام کا کام ہے وہیں نعت گو شاعر کے کلام پر تبصرہ کرنا بھی بڑی ذمہ داری کا کام ہے۔ محمد محبوب نے اردو تحقیق کا حق ادا کرتے ہوئے بڑی محنت سے نعت گوئی کے فن پر مواد پیش کیا اور بعد میں بے ہوش محبوب نگری کے حالات زندگی اور ان کے مجموعے کلام حاصل کرتے ہوئے اس پر سیر حاصل گفتگو کی ہے۔ اس کتاب میں جہاں انفرادی طور پر بے ہوش محبوب نگری کے تمام مجموعہ نعت کا تحقیقی وتنقیدی جائزہ پیش کیا گیا ہے وہیں نعت گوئی کے مختلف اجزا کے تحت بے ہوش نگری کے فن کا جائزہ پیش کیا گیا ہے۔ اور کتاب کے آخر میں بے ہوش نگری کی منتخبہ نعتیں بھی اس کتاب میں شامل کی گئی ہیں۔ اردو اکیڈیمی تلنگانہ اسٹیٹ کی جزوی مالی امداد سے یہ کتاب شائع ہورہی ہے اور امید ہے کہ نعت گوئی کے فن پر کام کرنے والوں کے لئے یہ کتاب راہنما ثابت ہوگی اور بے ہوش نگری کے حالات زندگی اور ان کے کلام پر رائے کے لئے ایک مستند کتاب کے طور پر دیکھی جائے گی۔ اس کتاب کی اشاعت پر میں اپنے عزیز شاگرد محمد محبوب کو مبارکباد پیش کرتا ہوں اور امید کرتا ہوں کہ وہ شمع اردو کی ضیاء پاش کرنوں کو نہ صرف تلنگانہ یا ہندوستان میں بلکہ ساری دنیا میں عام کریں۔ اور ان کی علمی لگن کو دیکھتے ہوئے اردو زبان سے وابستہ دیگر طلباء بھی اپنی زندگی کی منزلیں طے کریں۔ محمد محبوب کے لئے میں اقبال کے یہ اشعار کہنا چاہوں گا کہ

دیار عشق میں اپنا مقام پیدا کر نیا زمانہ نئے صبح وشام پیدا کر
مرا طریق امیری نہیں فقیری ہے خودی نہ بیچ غریبی میں نام پیدا کر

ڈاکٹر محمد اسلم فاروقی

صدر شعبہ اردو گری راج گورنمنٹ کالج

نظام آباد

اُردو کے ابھرتے قلم کار' محمد محبوب

محمد محبوب کو ہوسکتا ہے کئی چیزیں محبوب ہوں ! لیکن میری نظر میں محبوبؔ کا 'محبوب' مشغلہ لکھنا' پڑھنا' نت نئے موضوعات کی تلاش میں رہنا' قابل شخصیتوں سے ملنا ان سے تبادلہ خیال کرنا اور علمی وادبی گفتگو کرنا ہے۔ چناں چہ وہ کبھی ڈاکٹر محمد اسلم فاروقی جیسے قابل استاد کے ساتھ نظر آتے ہیں تو کبھی معروف وسینئر فری لانس صحافی محترم قاری ایم ایس خاں کے ساتھ تو کبھی مولانا عتیق احمد قاسمؔی کے رفیق سفر بنتے ہیں۔ وہ جب بھی میرے آفس آتے یا اخبار میں اپنے کسی مضمون کی اشاعت کے بارے میں فون پر بتاتے تو اس سے ان کی علمی لگن کا اندازہ تو ہوتا ہی ہے ۔اور ساتھ ساتھ ان میں جو صحافیانہ صلاحیتیں چھپی ہے اس کا بھی مجھے بخوبی اندازہ ہوتا۔ سرکاری رسالہ میں کس عنوان پر کونسا مضمون قارئین کے لئے مفید ہوگا وہ مجھ سے عنوان حاصل کر لیتے اور پھر بذریعہ ای میل یا ڈاک ان کی تحریر پہنچ جاتی۔

جون 2014ء میں سابق ریاست آندھرا پردیش کے سرکاری ماہنامہ ''آندھر اپردیش'' اُردو کے بوجہ ریاست کی تقسیم' بند ہوجانے تک انہوں نے اپنے بے شمار مضامین کے ذریعہ اپنی بہترین قلم کاری کا ثبوت دیا۔ میں نے جب ان کو امتحان لکھنے والوں کی رہنمائی کرنے کے لئے کہا تو انہوں نے SSC امتحان کی تیاری کیسے کریں' DSC امتحان کی تیاری کیسے کریں اور جونیئر لکچرار امتحان کی تیاری کے بارے میں سرکاری رسالہ میں مناسب قلمی کاوش سے اس کا حق ادا کیا۔ محبوب نے کبھی سرکاری ماہنامہ کے خریداروں میں اضافہ کیا تو کبھی اچھے اچھے قلم کاروں کو مجھ سے متعارف کروایا۔ کبھی وہ سرکاری ماہنامہ کی پچاس' ساٹھ تازہ کاپیاں ڈھوتے ہوئے ظہیر آباد لے جا کر خریداروں کو بہ نفس نفیس پہنچاتے تو کبھی کسی ادبی محفل کا دعوت نامہ مجھ

تک پہنچاتے۔اس طرح میں محبوب کے ذریعہ اچھے قلم کاروں کو عنوانات پہنچا تا تو وہ اس عنوان پر مجھ تک اپنا مضمون روانہ کردیتے۔

غرض ایسی بے شمار چیزیں ہے جو ان کے اوپر بیان کردہ 'محبوب' مشغلہ کی غماز ہیں اور سبھی کا تذکرہ یہاں ممکن نہیں۔

دیگر ریاستوں کے علاوہ ہماری ریاست کے اضلاع کے اچھے اچھے قلم کاروں' شاعروں ونثرنگاروں کی سرکاری ماہنامہ میں قلمی حصہ داری ضروری ہے تا کہ ہر جگہ کے ادبی ماحول اور اہم شخصیات سے سب واقف ہوتے رہیں اور یہ آسان ذریعہ ہے۔

محمد محبوب طالب علمی کے زمانے سے ہی مضمون نگاری کے میدان میں چونکہ کود پڑے اور تعلیم کی اعلی ڈگریوں کے حصول کی راہ پر گامزن رہے تو ایسے میں انہیں آگے بہت احتیاط کی ضرورت بھی ہوگی۔کیوں کہ اگر کہیں کوئی خامی رہ جاتی ہے تو پھر قارئین ظاہر ہے نکتہ چینی کریں گے۔اگرچیکہ پہلے ہی انہیں قابل اساتذہ کی رہنمائی' سرپرستی اور شفقت حاصل ہے تو امید کہ وہ نکھار کے لئے تمام تدابیر اختیار کریں گے۔لیکن چونکہ محمد محبوب مجھے بھی محبوب ہیں اور میں ان کی شخصیت اور مضامین کو نہایت قریب سے دیکھتا رہا ہوں اور حوصلہ افزائی کرتا رہا ہوں۔تو ایسے میں' میں یہاں انہیں یہ بنیادی نکتہ دہراتے ہوئے پھر اصلاح کی خاطر عرض کروں گا کہ وہ موضوع سے انصاف کرتے وقت خیالات کی تکرار سے بچیں۔اور اختصار سے بے کم و کاست لکھیں۔الفاظ کا استعمال کرتے وقت احتیاط سے کام لیں۔مثلاً ''نعت گو'' کو ''نعت خواں'' نہ کہیں بلکہ فرق کو ملحوظ رکھیں۔ایک نعت گو بچپن میں نعت خواں ہوسکتا ہے اور آگے چل کر اللہ کے فضل اور اس کے حبیب ﷺ کے طفیل ''نعت گو'' بن سکتا ہے۔نعت گوئی میں اگر نعت خوانی ہو تو مزہ دوبالا ہوجاتا ہے۔ہر نعت گو کا نعت خواں ہونا ضروری اور ممکن نہیں اور اسی طرح ہر نعت خواں کا نعت گو ہونا ضروری یا ممکن نہیں۔

محمد محبوب کو نہایت اپنائیت کے ساتھ میں اپنی تحریروں کو دو، تین مرتبہ پڑھ لینے کی تاکید ضرور کروں گا۔ اس عمل سے جن جن چیزوں کا فائدہ ہوگا وہ اس عمل سے گزرنے کے بعد ہی سمجھ پائیں گے۔ اور یہ اہم بات ہے جب کہ بہت کم قلم کار اس پر توجہ دیتے ہیں۔

بہرحال جہاں میں محمد محبوب کو ان کی پہلی تصنیف پر مبارک باد دینا چاہوں گا وہیں ان سے خواہش ضرور کروں گا کہ وہ ہمارے بہترین شعراء، قلم کار اور زندگی کے دیگر شعبوں سے وابستہ اہم شخصیات کو منظر عام پر لائیں۔ خاص طور سے وہ جن کے بارے میں کبھی کوئی کچھ نہیں کہتا یا لکھتا۔ اور میں اپنی طرف سے یہ پیش کش کروں گا ایسی اہم چیزیں نئی ریاست تلنگانہ کے سرکاری اُردو ''ماہنامہ تلنگانہ'' میں ضرور جگہ پائیں گی اور ایک بڑا حلقہ اس سے واقف ہوگا۔

سید حبیب الدین قادری

ایڈیٹر ماہنامہ تلنگانہ اُردو، محکمہ اطلاعات وتعلقات عامہ

سماچار بھون، حیدرآباد۔ ۵۰۰۰۲۸

نئی نسل کے نمائندہ ادیب وصحافی محمد محبوب

محمد محبوب ریسرچ اسکالر ایک بہترین مبصر، تجزیہ نگار نقاد اور زندہ دل انشاء پرداز کی حیثیت سے ادبِ اُردو میں اپنا ایک منفرد مقام رکھتے ہیں۔ زیر نظر تخلیق "بے ہوش محبوب نگری کی نعت گوئی" ایک ایسا ادق موضوعِ سخن ہے۔ جو کہ جید قلم کار انشاء پرداز نقاد ہی اس کا کما حقہ حق ادا کرنے کی سعی کرسکتا ہے اور خصوصاً بے ہوش کی نعت گوئی پر تبصرہ ہوش مند ہی کہ بس کا روگ ہے۔ اور اشعار کا انتخاب، تقابل، تجزیہ اور تخیل بے ہوش میں غوطہ زنی ایک کٹھن مرحلہ ہے۔ کیوں کہ صنف نعت گوئی ہی ایک نازک اور حساس صنف تخیل ہے جس میں شاعر یا ادیب کی ذراسی بھول چوک اور مبالغہ آرائی ایماندار کو بے ایمان کرنے یعنی کفر تک پہنچانے کا ذریعہ بنا دیگی۔ مخلوق کو خالق کے ہم پلہ بتانے جیسی مبالغہ آرائی کی حماقت انتہائی خطرناک ثابت ہوتی ہے۔

زیر نظر تصنیف بے ہوش محبوب نگری کی نعت گوئی چھ ابواب پر مشتمل ہے اس کتاب میں مصنف نے نعت کی تعریف، آغاز وارتقاء کو اختصار سے بیان کرتے ہوئے مصنف نے شاعر کی شخصیت، فن اور کارناموں پر فنی واجمالی تنقیدی جائزہ پر مشتمل تبصرہ کی بھرپور سعی کی ہے۔ جب کہ موخر ابواب میں شاعر کے کلام کا اختصار سے انتخاب کیا ہے۔ جو کہ مصنف کہ جذبہ عشق وعقیدت کا عملی اظہار بھی ہے اور فنی شاعری کا خلاصہ بھی ہے اور اسلوب وانداز ہ بیان اور ہیت ترکیبی بہت خوب ہے جس کا اندازہ زیر نظر شعر سے بخوبی لگایا جاسکتا ہے۔

محمدؐ محمدؐ وظیفہ ہے میرا۔ میری جاں کیا جانِ جاں محمدؐ

مبصر نے بے ہوش کی نعت گوئی کو حسن تخلیق کا شاہکار بنانے میں اس شعر کا انتخاب کیا ہے وہ بھی بہت خوب ہے۔

” ذرہ ذرہ سے خورشید تک ہر شئے کی علت آپ ہیں

مرتبت کی حد یہ کہ بعد از خدا ہیں مصطفٰے

مختصر یہ کہ صاحب کتاب نے تحقیق وتنقید کو اپنا موضوع بنایا ہے وہ ادیبانہ فہم وہ فراست سے پر ہے۔ اللہ اسے قبول عام کرے۔

محمد حسام الدین

بانی اسلامیہ ماڈل اسکول، ظہیر آباد۔۵۰۲۲۲۰

محمد محبوب ظہیر آبادی میری نظر میں

میرے قابل شاگردِ رشید عزیزم محمد محبوب سلمہٗ وطولعمرہ کو میں 2007ء سے جانتا ہوں۔ بہت قریب سے دیکھنے کا موقع بھی ملا۔ ایک حرکیاتی شخصیت کا نام 'محمد محبوب' ہے۔ اور یہ اسمِ بامسمی بھی ہیں۔ بہر حال نظامِ قدرت کا مطالعہ کرنے والے جانتے ہیں کہ ہر دور میں ایسی شخصیتیں اور قابل وصالح نوجوان ربُ المشرقین ورب المغربین پیدا فرماتا رہا ہے۔ جو قوم وملت کا سرمایہ بن جاتی ہیں۔ آسمان پر رشد و ہدایت کے ماہِ نجوم کی طرح چمکتی ہیں۔ حق گوئی و بے باکی' دیانت وشرافت' فقیرانہ ودرویشانہ شان' مجاہدانہ صلاحیتیں اور حق پرستی وحق نوازی جیسی تمام خصوصیات ایک ہی شخصیت میں جمع فرما دیتا ہے۔ محمد محبوب کی شخصیت میں ان تمام خوبیوں کو بآسانی دیکھا جا سکتا ہے۔

محمد محبوب کی زیرِ نظر کتاب ''بے ہوش محبوب نگری کی نعت گوئی'' (تحقیق وتنقید) فی الحقیقت ایک کام نہیں بلکہ کارنامہ ہے۔ تقریباً 200 صفحات پر مشتمل یہ کتاب بڑی ہی تحقیق و عرق ریزی سے ضبط تحریر کر کے زیورِ طباعت سے آراستہ ہوئی ہے۔ کہیں کہیں پر غلو سے کام لیا گیا ہے۔ ہر محرر ومقرر اور مصلح قوم و عالم اور خطیب کو غلو سے سخت پرہیز کرنا چاہیئے۔ اس سے مُحررقاری کی نظر میں مشکوک یا مشتبہ ہو جاتا ہے۔ یہ کتاب اردو ادب میں انشاء اللہ قدر ومنزلت کی نگاہوں سے دیکھی جائیگی۔ اور پسندیدگی کی سند بھی حاصل کرے گی۔ بے شک اخلاصِ کاملہ کے ساتھ جو کام کیا جاتا ہے اس میں ربِ دو جہاں ضرور کامیابی عطا کرتا ہے۔ محمد محبوب نے بھی صدقِ دل اور خلوصِ نیت کے ساتھ حُبِ نبوی ﷺ سے سرشار وممتاز شاعر ''بے ہوش محبوب نگری'' کے نعتیہ کام پر بڑی محنت ولگن کے ساتھ اور محنتِ شاقہ کے بعد طبع آزمائی کی ہے اس کی

جتنی تعریف کریں کم ہے۔ ہر نعمت پر ایک حاسد پیدا ہوجاتا ہے کہ مصداق محمد محبوب کی قابلیت ومقبولیت اور صلاحیت وصالحیت کہیں نظر بد کا شکار نہ ہوجائے۔ اللہ تعالیٰ محمد محبوب کو خلوص وللّٰہیت کے ساتھ اور اُردو ادب اور اُردو صحافت کی خدمت کی مزید توفیق عطا فرمائے۔ میں اپنی بات ان دو نعتیہ اشعار پر ختم کرتا ہوں۔

حُبِ نبی کو دل میں مہمان کرلیا ہے
بخشش کا اپنی ہم سامان کرلیا ہے
مشکلوں کا اگر کوئی حل چاہیے
اُسوہ مصطفے پر عمل چاہیے

عاجز وعاصی

قاری ایم ایس خان، سینئر واعزازی ومسلمہ آزاد صحافی
مکان نمبر 720-2-16، اکبر باغ، جدید ملک پیٹ،
حیدرآباد۔ تلنگانہ 500036

کچھ اس کتاب کے بارے میں

ادب زندگی کا ترجمان ہوتا ہے۔ زندگی اپنی تمام تر رونقوں اور رعنائیوں' مصائب اور آلام اور اپنی نیرنگیوں کے ساتھ رواں دواں ہے۔ زندگی کی مختلف جہتیں بھی ہیں۔ ادب اپنے وقت کے ساتھ بدلتی زندگی کی عکاسی کرتا ہے۔ انسان اس کائنات کی عظیم تخلیق ہے۔ اللہ سبحانہ وتعالیٰ نے انسان کو اس سرزمین پر اٹھارہ ہزار مخلوقات پر اشرف بنا کر پیدا کیا۔ اور اس کی پیدائش کا مقصد اطاعت وعبادت الٰہی قرار دیا۔ مذہب انسانی زندگی کا ایک اہم عنصر ہے۔ ہر زمانے میں انسان کو پیغمبروں کے ذریعے یہ احساس دلایا گیا کہ اس دنیا کا خالق اور مالک ایک اللہ ہے۔ انسانوں کو اسی کی اطاعت اور عبادت کرنی چاہئے۔ اور اپنے وقت کے نبی یا رسول کے بتائے ہوئے طریقہ زندگی کے مطابق اپنی زندگی گذارنی چاہئے۔ آج سے چودہ سو سال قبل پیغمبر آخرالزماں حضرت محمد مصطفیٰ ﷺ نے صحرائے عرب سے دین اسلام کی ضیاء پاش کرنیں سارے عالم پر پھیلائیں۔ آپ ﷺ سردار الانبیاء ہیں۔ خاتم النبیین ہیں۔ سبب وجود کائنات ہیں۔ اللہ رب العزت کے پیارے حبیب ہیں۔ رحمت اللعالمین ہیں۔ آپ ﷺ کی امت محمدیہ آخری امت ہے۔ دین اسلام قیامت تک آنے والے انسانوں کی دنیاوی اور اُخروی زندگی کی کامیابی کا ضامن ہے۔ اللہ نے اپنے حبیب ﷺ کے ذکر کو ورفعنا لک ذکرک کہہ کر بلند فرمایا۔ حضور اکرم صلی اللہ علیہ وصلم کے امتیوں کے لئے یہ لازمی کر دیا گیا کہ وہ عشق رسول ﷺ کے حقیقی اظہار کے لئے ذکر رسول ﷺ کرتے رہیں۔ اللہ تعالیٰ نے قرآن میں آپ ﷺ پر درود وسلام بھیجنے کی تلقین فرمائی۔ اور آپ ﷺ نے بھی اپنے امتیوں کو درود وسلام پڑھنے کے طریقے سکھائے۔ صحابہ کرامؓ کے دور سے ہی حضرت محمد

مصطفیٰ ﷺ کی تعریف میں اشعار پڑھنے کی روایت شروع ہو چکی تھی۔ بعد میں یہ اظہار محبت کا طریقہ نعت کہلایا۔ جب صحابہؓ نے آپ ﷺ کے حضور نعتیہ اشعار پڑھے تو آپ ﷺ نے اسے پسند فرمایا۔ چنانچہ عربی اور فارسی کے بعد اُردو میں نعت گوئی اور نعت خوانی کی روایت عقیدت واحترام کے ساتھ پروان چڑھی۔

سرزمین حیدرآباد کو اُردو کی بستی بھی کہا جاتا ہے۔ اُردو زبان سارے عالم میں حیدرآبادی تہذیب کی علامت کے طور پر جانی جاتی ہے۔ آزادی کے بعد یہاں کی شعری اور خاص طور سے نعتیہ محفلوں میں جس عاشق رسول شاعر نے اپنے مخصوص لحن کے ساتھ نعت خوانی اور نعت گوئی کے ذریعے شہرت حاصل کی اُن کا نام محمد عبدالقادر بے ہوشؔ محبوب نگری ہے۔ جن کی حیات اور نعت گوئی اور نعت خوانی کے جائزے پر مبنی یہ تحقیقی تصنیف ''بے ہوش محبوب نگری کی نعت گوئی'' کے عنوان سے قارئین کی نظر ہے۔

راقم اس لحاظ سے خوش نصیب ہے کہ مجھے ایک محبّ رسول ﷺ نعت خواں اور نعت گو شاعر کی ادبی خدمات پر تحقیقی کتاب کی پیشکشی کا موقع مل رہا ہے۔ میں نے ظہیرآباد کے ایک متوسط گھرانے میں آنکھ کھولی۔ والد محترم محمد عبدالغفور صاحب تجارت پیشہ سے وابستہ ہیں۔ لیکن انہوں نے مجھے تعلیم کے زیور سے آراستہ کرایا۔ میں نے عوامی اسکول ظہیرآباد سے پرائمری کی تعلیم حاصل کی۔ گورنمنٹ بوائز ہائی اسکول ظہیرآباد سے ۲۰۰۱ء میٹرک کا امتحان کامیاب کیا۔ اور گورنمنٹ جونیر کالج ظہیرآباد سے سائنس گروپ سے ۲۰۰۳ء میں انٹرمیڈیٹ کی تکمیل کی۔ اور گورنمنٹ ڈگری کالج ظہیرآباد میں بی اے میں داخلہ لیا۔ یہاں مجھے اپنی علمی لیاقت کو پروان چڑھانے کا بھرپور موقع ملا۔ کالج میں بی اے سکشن میں اساتذہ کی کمی تھی۔ جونیر کالج کے لکچرر جناب امجد علی صاحب، محترمہ صفیہ محمدی لکچرر پولیٹیکل سائنس اور اردو کے لکچرر جناب سعداللہ خان سبیل اور بعد میں جناب ڈاکٹر محمد اسلم فاروقی صاحب سے

مضمون اردو کی تعلیم حاصل کی ۔اور ادب کی مختلف جہتوں سے متعارف ہوا۔ مجھے اخبارات کا مطالعہ کرنے، کالج کی لائبریری میں موجود ادبی و معلوماتی کتابوں کے مطالعے سے ادب فہمی اور ادب شناسی کا موقع ملا۔اور میں تصنیفی سرگرمیوں سے وابستہ ہوا۔گورنمنٹ ڈگری کالج ظہیر آباد سے ۲۰۰۷ء میں بی اے امتیازی نشانات سے کامیاب کیا۔زمانہ طالب علمی سے ہی مجھے اُردو اخبارات کے مطالعے کا شوق رہا۔مقامی کتب خانہ جا کر میں روز اخبارات کا مطالعہ کرتا رہا۔اخبارات میں شائع ہونے والے مختلف کالموں کے مطالعے سے میرے اندر بھی لکھنے کا شوق پیدا ہوا۔ میں مختلف سماجی اور تعلیمی موضوعات پر مراسلے لکھنے لگا۔ جب میرے مراسلے پابندی سے شائع ہونے لگے تو مجھے مضامین لکھنے کا حوصلہ ملا۔میرے شوق کو استاذ محترم ڈاکٹر محمد اسلم فاروقی صدر شعبہ اُردو گورنمنٹ ڈگری کالج ظہیر آباد و صدر شعبہ اردو گری راج کالج نظام آباد نے مزید جلا بخشی ۔انہوں نے مجھے مختلف علمی اور ادبی موضوعات دیئے ۔مضمون نگاری کے نکات سمجھائے ۔اور میرے تحریر کردہ مضامین کی مناسب تصحیح کی ۔میرے تحریر کردہ مضامین حیدر آباد کے روزناموں سیاست' منصف' اعتماد اور رہنمائے دکن اور آندھرا پردیش اُردو میگزین میں شائع ہونے لگے۔اور ان مضامین کو پڑھ کر روزنامہ منصف کے کالم نگار قاری ایم ایس خان نے مجھ سے ملاقات کی ۔اور میرے مضامین کی ستائش کی ۔بی اے کامیاب کرنے تک میرے تقریباً پچاس (۵۰) مضامین شائع ہو چکے تھے ۔استاذ محترم ڈاکٹر محمد اسلم فاروقی جو خود یونیورسٹی آف حیدر آباد کے پی جی گولڈ میڈلسٹ اور ڈاکٹریٹ ہیں انہوں نے مجھ پر زور دیا کہ میں اس یونیورسٹی سے اعلیٰ تعلیم حاصل کروں ۔میں نے گھریلو مصروفیتوں اور دیگر مسائل کے سبب حیدر آباد کے اورینٹل کالج حمایت نگر سے ایوننگ کالج سے ۲۰۱۰ء میں ایم اے امتیازی نشانات سے کامیاب کیا۔یونیورسٹی آف حیدر آباد کے آل انڈیا انٹرنس امتحان میں شرکت کی اور ایم فل میں داخلے میں مجھے تیسرا مقام ملا۔میں نے فوری

اس عظیم مرکزی یونیورسٹی میں داخلہ لے لیا۔ یونیورسٹی کے اساتذہ میں پروفیسر بیگ احساس صدر شعبہ اردو، پروفیسر محمد انوار الدین، پروفیسر مظفر شہ میری، ڈاکٹر حبیب نثار، ڈاکٹر رضوانہ، ڈاکٹر عرشیہ جبین اور دیگر اساتذہ نے مجھے متاثر کیا۔ اس مرکزی جامعہ سے میں نے ایم فل کیا اور اب اردو میں ڈاکٹریٹ کی ڈگری کے لئے کوشاں ہوں۔ اس دوران میں نے تصنیف و تالیف کا سلسلہ جاری رکھا۔ اسی سلسلے کی ایک کڑی یہ تحقیقی کتاب ہے۔

تحقیقی کتاب ''بے ہوش محبوب نگری کی نعت گوئی'' کو چھ ابواب میں تقسیم کیا گیا ہے۔ جن کے نام اس طرح ہیں۔

پہلا باب: نعت کی تعریف اور نعت گوئی کا فن

دوسرا باب: نعت کا آغاز وارتقاء

تیسرا باب: بے ہوش محبوب نگری کے حالات زندگی شخصیت اور کارنامے

چوتھا باب: بے ہوش محبوب نگری کے نعتیہ مجموعوں کا تنقیدی جائزہ

پانچواں باب: بے ہوش محبوب نگری کی نعت گوئی کا اجمالی وفنی جائزہ

چھٹا باب: بے ہوش محبوب نگری کے کلام کا انتخاب

اختتامیہ

کتابیات

تحقیقی کتاب ''بے ہوش محبوب نگری بہ حیثیت نعت گوشاعر'' میں شامل ان چھ ابواب میں جو مواد دیا گیا ہے اس کی تفصیل ذیل میں دی جارہی ہے۔

پہلا باب: نعت کی تعریف اور نعت گوئی کا فن:

کتاب کے اس پہلے باب میں نعت کی تعریف کی گئی کہ نعت ایسی نظم کو کہتے ہیں جس میں پیغمبر اسلام حضرت محمد مصطفیٰ صلی اللہ علیہ وصلم کی تعریف مختلف انداز میں بیان کی

جاتی ہے۔ چنانچہ اس باب میں مختلف سرخیوں جیسے نعت کی تعریف‘ نعت گوئی کا فن‘ نعت کے موضوعات‘ نعت گوئی کے محرکات‘ نعت کی ہئیت‘ نعت گوئی کے آداب‘ نعت لکھنے میں احتیاط کے پہلو‘ نعت گوئی کے لوازم‘ عشق رسول ﷺ‘ حفظ مراتب‘ ادب و احترام‘ طرز اظہار‘ انداز خطابت‘ نعت کی قسمیں‘ رسمی نعت گوئی‘ حقیقی نعت گوئی‘ عشقیہ نعت‘ توصیفی نعت‘ مقصدی نعت‘ تاریخی نعت‘ نعت میں صلوٰۃ وسلام‘ نعت کے قدیم اور جدید اسلوب‘ اردو نعت پر ہندوستانی اثرات‘ نعت گوئی کے فن کا اجمالی جائزہ‘ وغیرہ کے ذریعے فن نعت گوئی پر مختلف کتب نعت کے حوالوں کے ساتھ تفصیلی روشنی ڈالی گئی ہے۔ اس باب کے مطالعے سے اندازہ ہوتا ہے کہ نعت گوئی کا فن کونسے تقاضے چاہتا ہے اور ایک نعت گو شاعر کو کس قدر محتاط رہ کر نعت کہنی پڑتی ہے۔

دوسرا باب: نعت کا آغاز وارتقاء:

کتاب کے اس باب میں نعت کے آغاز وارتقاء کو بیان کیا گیا ہے۔ اللہ رب العزت نے اپنے حبیب ﷺ کی قران میں تعریف کی ہے۔ اور مسلمانوں کو بھی اس کی تلقین کی ہے۔ حضور اکرم ﷺ کی تعریف کا آغاز آسمان دنیا میں ہی ہو گیا تھا۔ نعت کے بہ حیثیت صنف ارتقاء کو اس باب میں بیان کیا گیا ہے۔ اور اس کے لئے حسب ذیل سرخیوں کے تحت مواد دیا گیا ہے۔ کتب آسمانی میں نعت‘ ماقبل اسلام نعت گوئی‘ ولادت نبوی ﷺ کے بعد کی اولین نعت‘ نعت گوئی کا فنی آغاز‘ دور صحابہؓ میں نعت گوئی‘ فارسی میں نعت گوئی کی روایت‘ اردو میں نعت گوئی‘ دکن میں نعت گوئی کا آغاز‘ شمالی ہند میں نعت گوئی کا آغاز‘ فن نعت گوئی کے آغاز وارتقاء کا اجمالی جائزہ۔ اس باب میں شامل مواد سے قاری کو نعت گوئی کا آغاز اور اس کا عہد بہ عہد اور عربی‘ فارسی اور اُردو زبان میں ارتقاء سے واقفیت ہوتی ہے۔

تیسرا باب: بے ہوش محبوب نگری کے حالات زندگی شخصیت اور کارنامے

اس باب میں کتاب کے موضوع والی شخصیت بے ہوش محبوب نگری کے

مفصل حالات زندگی' ان کی شخصیت کے مختلف پہلو اوران کے علمی وادبی کارناموں کا احاطہ کیا گیا ہے۔ بے ہوشؔ محبوب نگری کا تعلق ضلع محبوب نگر سے رہا۔ وہ محکمہ پوسٹ میں ملازم تھے۔ بعد تبادلہ ۱۹۶۰ء حیدرآباد منتقل ہوگئے۔ اور اپنی باقی زندگی حیدرآباد ہی میں بسر کی۔ اور فن نعت گوئی کو مختلف اساتذہ کی صحبت میں رہ کر جلا بخشی۔ اس باب میں بھی مختلف سرخیوں جیسے آباء و اجداد 'دادا' والد' والدہ' پیدائش 'تعلیم و تربیت اور بچپن کے حالات' ملازمت' شادی و اولاد' نعت گوئی کا آغاز' اساتذہ' مشاعروں میں شرکت 'نعت خوانی کا انداز' تصانیف' زیر طبع تصانیف' تصانیف کا تعارف' ہوش عقیدت' ہوش عبدیت' زیر طبع کلام' انعامات و اعزازات' وظیفے کے بعد کی مصروفیت' حج کی سعادت' علالت و وفات' بے ہوشؔ محبوب نگری کی شخصیت' حلیہ وسراپا' لباس' غذائی عادات وطوار' پسند و ناپسند' مشاغل اور عادتیں' اہل وعیال سے روابط' دوست احباب سے روابط' مذہبی عقیدہ' زندگی کا پیغام وغیرہ کے ذریعے بے ہوشؔ محبوب نگری کے حالات زندگی اوران کی شخصیت اور کارناموں کا تفصیلی احاطہ کیا گیا ہے۔ یہ باب شاعر کی زندگی کے مختلف گوشوں سے پردہ اُٹھاتا ہے۔

چوتھا باب: بے ہوشؔ محبوب نگری کے نعتیہ مجموعوں کا تنقیدی جائزہ

تحقیقی کتاب کے اس باب میں شاعر بے ہوشؔ محبوب نگری کے دو نعتیہ مجموعوں ہوش عقیدت اور ہوش عبدیت کے حوالے سے مواد پیش کیا گیا ہے۔ اور دونوں مجموعوں کی چند انفرادی خصوصیات کی حامل نعتوں کے انتخاب کے ذریعے ان کے فن نعت گوئی کا جائزہ لیا گیا ہے۔ بے ہوشؔ محبوب نگری نے غزل کی ہئیت میں نعتیں کہی ہیں۔ چونکہ انہوں نے اکثر نعتیں پڑھنے کے لئے کہی ہیں۔ اس لئے ان کی نعتوں میں روانی اور ترنم پایا جاتا ہے۔ انہوں نے نعت گوئی کے آداب کا لحاظ رکھا۔ اور عشق نبوی ﷺ میں ڈوب کر نعتیں کہی ہیں۔ اس باب میں ان کے نعتیہ مجموعوں کا مکمل تعارف اور تجزیہ شامل ہے۔

پانچواں باب: **بے ہوشؔ محبوب نگری کی نعت گوئی کا اجمالی وفنی جائزہ:**

تحقیقی کتاب کے اس باب میں فن نعت گوئی کے اُصولوں کی روشنی میں بے ہوشؔ محبوب نگری کی نعت گوئی کا تفصیلی جائزہ لیا گیا ہے۔ نعت گوئی کے کچھ آداب ہیں۔ جنہیں ملحوظ رکھنا اس صنف کا بنیادی تقاضہ ہے۔ اور کوئی شاعر اس کے بغیر ایک کامیاب نعت گو شاعر نہیں بن سکتا۔ چنانچہ اس باب میں مختلف سرخیوں جیسے عشق رسول ﷺ، عظمت رسول ﷺ، سراپا نگاری، مدینے کی گلیاں، گنبد خضریٰ، مکہ معظّمہ، واقعہ معراج، دیگر معجزات، قرآنی آیات کا ذکر، غار حرا، امت کا ذکر اور بے ہوشؔ محبوب نگری کی نعت گوئی کا فنی جائزہ۔ نعت کی ہئیت، تشبیہات واستعارات کا استعمال، تلمیحات کا استعمال، بے ہوش کا شعری اسلوب، بے ہوشؔ محبوب نگری کی لفظیات اور بے ہوش تخلص کا استعمال وغیرہ کے تحت شاعر کے کلام کی خوبیوں کا احاطہ کیا گیا ہے۔ **اختتامیہ** کے عنوان سے اردو نعت گوئی کے میدان میں شاعر بے ہوشؔ محبوب نگری کے مقام کے تعین کی کوشش کی گئی ہے۔ اور ان کی مکمل نعت گوئی پر طائرانہ نگاہ ڈالی گئی ہے۔

چھٹا باب: **بے ہوشؔ محبوب نگری کے کلام کا انتخاب:**

کتاب کے اس آخری باب میں بے ہوشؔ محبوب نگری کے دو نعتیہ مجموعوں ’’ہوش عقیدت اور ہوش عبدیت‘‘ سے منتخب نعتوں کو پیش کیا گیا ہے۔ تاکہ شاعر کے کلام کے مطالعے سے خود اس کی عظمت کا اندازہ لگایا جاسکے۔ اس باب میں بے ہوشؔ کے غیر مطبوعہ کلام سے بھی انتخاب پیش کیا گیا ہے۔ اس طرح یہ باب شاعر کے کلام کا حسین گلدستہ سمجھا جاسکتا ہے۔

کتابیات: کتاب کے اس آخری حصے میں ان کتابوں، رسائل اور اخبارات کی فہرست دی گئی ہے۔ جن سے اس کتاب کی تیاری کے دوران استفادہ کیا گیا ہے۔

بے ہوشؔ محبوب نگری کی نعت گوئی کے تفصیلی مطالعے سے ہمیں دکن کے اس نامور نعت گو شاعر کے

فکروفن کے احاطے کا موقع ملے گا۔امید کرتا ہوں کہ میری اس کاوش کونعت گوئی کے فن سے متعلق کتابوں میں جگہ دی جائے گی۔اورنعت گوئی کے فن سے وابستہ شعرا کو کچھ روشنی ملے گی۔اس کتاب کی پذیرائی ہی میری محنت کا صلہ تصور ہوگی۔

میری پہلی تصنیف کی اشاعت پر میں اپنے رب کریم کا شکر گذار ہوں کہ اس نے میرے حق میں علم کی راہیں آسان کیں اور عشق نبی ﷺ پر مبنی اس کام کو کرنے کی توفیق عطا کی۔ میں امید کرتا ہوں کہ ساری دنیا میں پیغام نبوی ﷺ عام ہو اور لوگ عشق نبی ﷺ سے سرشار ہو کر اپنی دنیا اور آخرت سنوار لیں۔ میں اپنی اس تصنیف کی اشاعت کے دوران رہبری کرنے اور میری تصنیف اور میرے بارے میں اپنے زرین خیالات پیش کرنے پر اپنے اساتذہ کرام اور محبان اردو عالی جناب مولانا عتیق قاسمی صاحب، ڈاکٹر محمد اسلم فاروقی صاحب، حسام الدین صاحب، سید شاہ حبیب الدین قادری صاحب اور قاری ایم ایس خان صاحب کا دل کی گہرائیوں سے مشکور ہوں کہ ان کے مفید مشورے مجھے اپنے کام کے دوران حوصلہ دلاتے رہے اور میں اس تصنیف کو پیش کرنے کے قابل ہوا۔ میں پروفیسر ایس اے شکور ڈائرکٹر سکریٹری اردو اکیڈیمی تلنگانہ اسٹیٹ کا بھی مشکور ہوں کہ انہوں نے میری تصنیف کی اشاعت کے لئے جزوی مالی تعاون کی منظوری دی جس سے یہ کتاب زیور طباعت سے آراستہ ہوئی۔ میں اپنے والدین، عزیز واقارب، دوست احباب اور میرے بہی خواہوں کا بھی شکریہ ادا کرتا ہوں جن کی محبتیں اور حوصلہ افزائی میرے علمی سفر میں ساتھ رہیں۔

محمد محبوب ایم اے، ایم فل

ظہیر آباد

☆ پہلا باب

نعت کی تعریف اور نعت گوئی کا فن

دنیا کی بیشتر زبانوں کے ادب میں پہلے شاعری وجود میں آئی اور بعد میں نثر۔شاعری کی مقبول اصناف میں غزل اور نظم شامل ہیں۔مشرقی زبانوں عربی' فارسی اور اُردو میں یہی حال ہے۔زبان وادب کی ترقی کے ساتھ نئی شعری اصناف وجود میں آئیں۔اور قدیم اصناف کی مقبولیت بھی برقرار رہی۔نظم کے ذریعے مدح سرائی بھی شاعری کی اہم خصوصیت رہی ہے۔ جب منظوم مدح پیغمبر اسلام حضرت محمد صلی اللہ علیہ وصلم کی ہوتو اس کے لئے جو صنف شاعری ادب میں رواج پائی اسے ''نعت'' کہا گیا۔نعت کسے کہتے ہیں۔اس کی حتمی تعریف کیا ہے۔اور اس کی تعریف کے کیا امکانات ہیں ذیل میں اس کی تفصیل دی جارہی ہے۔

نعت کی تعریف:۔شاعری کی اصطلاح میں ''نعت'' ایسی نظم کو کہتے ہیں جس میں پیغمبر اسلام حضرت محمد مصطفےٰ صلی اللہ علیہ وسلم کی تعریف بیان کی گئی ہو۔لفظ نعت عربی زبان کا لفظ ہے جس کے معنی تعریف وتوصیف مدح وستائش کے ہیں۔

اردو عربی لغات میں اور ادب کے ماہرین نے نعت کی تعریف اس طرح کی ہے کہ:

''کسی چیز کو بیان کرنا، اوصاف بیان کرنا، خصوصاً
تعریف میں نعت، صفت، وصف، جوہر تعریف خاصیت گن،
نعت' کسی شئے کی خوبیوں کا بیان، جبکہ اس کے وصف میں

مبالغہ کیا جائے اور حضور اکرم صلی اللہ علیہ وسلم کی مدح و
توصیف بھی نعت کے مفاہیم میں شامل ہے''۔[1]

ابن سیدہ کہتے ہیں کہ

''ہر عمدہ اور جید چیز کو جس کے اظہار میں مبالغہ سے کام
کیا جائے نعت کہتے ہیں جو چیز بہت خوب ہو اس کے متعلق
کہا جائے''۔[2]

فارسی لغات میں نعت کی تعریف یوں کی گئی ہے کہ:

نعت کا لفظ وصف اور ثنائے رسول صلی اللہ علیہ وسلم میں استعمال ہے''۔[3] لفظ نعت عربی فارسی اور اردو لغات میں مختلف معنوں میں استعمال ہوتے ہوئے اردو زبان تک پہنچتے پہنچتے ایک مخصوص اصطلاح کے طور پر سامنے آتا ہے اور یہ اصطلاح نعت یعنی، ایسی نظم جس میں حضور اکرم صلی اللہ علیہ وسلم کی مدح وتعریف بیان ہو۔ اردو میں لفظ نعت حضور اکرم ﷺ کی تعریف آپ ؐ کی سیرت مبارکہ کے بیان اور آپ ؐ سے مسلمانوں کے اظہار محبت کے جذبات کے اظہار کا ذریعہ بھی بن گیا ہے۔

ڈاکٹر حمیرہ جلیلی نعت کی تعریف بیان کرتے ہوئے لکھتی ہیں:

''نعت گوئی کے لغوی معنی حضور اکرم صلی اللہ علیہ وسلم،
سردار دو جہاں، محبوب خدا کی تعریف وتوصیف ہے۔ لیکن
عموماً نعت گو شعراء آپ ﷺ کی تعلیمات، معجزات اور سیرت
کے ساتھ حیات طیبہ کے مختلف پہلوؤں کو بھی نعت میں شامل
کرتے ہیں''۔[4]

حضور اکرم ﷺ کی مدح وتعریف نظم کے علاوہ نثر میں بھی ہوتی ہے۔ خطابت کے

ذریعہ بھی ہوتی ہے۔تو یہ سوال پیدا ہوتا ہے کہ آپ ﷺ کی تعریف وتوصیف کی ان مختلف اقسام کو بھی نعت کہا جائے گا۔یا صرف منظوم شکل میں اظہار جذبات کو نعت کہا جائے گا۔ڈاکٹر فرمان فتح پوری نے حضور اکرم صلی اللہ علیہ وسلم کی منظوم مدح کو نعت کہا ہے۔اس ضمن میں وہ لکھتے ہیں کہ:

"اصولاً آنخضرت کی مدح کے متعلق نثر اور نظم کے ہر ٹکڑے کو نعت کہا جائے گا لیکن اردو فارسی میں جب نعت کا لفظ استعمال ہوتا ہے تو اس سے عام طور پر آنخضرت ﷺ کی منظوم مدح مراد لی جاتی ہے"۔ ۵

پیغمبر اسلام حضرت محمد مصطفیٰ کی ذات با برکت کو اللہ تعالیٰ نے رحمت اللعلمین بنایا۔آپ ﷺ کی ذات سبب وجودِ کائنات ہے اور آپ کی عظمت کے متعلق مولانا عبدالرحمٰن جامی فرماتے ہیں کہ:

یا صاحب الجمال و سید البشر
من وجھک المنیر لقد نور القمر
لا یمکن الثناء کما کان حقہ
بعد از خدا بزرگ توئی قصہ مختصر

سے اندازہ ہوتا ہے کہ آپ ﷺ کی مدح وتعریف کی باریکیوں تک پہنچنا ہر کسی کے بس کی بات نہیں۔خالق کائنات اللہ سبحانہ وتعالیٰ کی ذات آپ ﷺ کی سب سے بڑی تعریف کرنے والی ذات ہے۔اللہ نے کلمہ طیبہ لاالہ الا اللہ محمد الرسول اللہ میں اپنے نام کے ساتھ اپنے محبوب کا نام جوڑ کر یہ واضح کر دیا کہ خدا کی ذات کے بعد عظیم قدرت کی مظہر ذاتِ اقدس آپ ﷺ ہیں۔اللہ نے اپنے کلام قرآن مجید میں جابجا اپنے محبوب کی تعریف کی ہے اور

ورفعنالک ذکرک کہتے ہوئے آپ ﷺ کے ذکر کو بلند کیا ہے تو اور ایک جگہ لا ترفعو اصواتکم فوق صوت النبی کہتے ہوئے آپ ﷺ کی عظمت کو واضح کیا ہے۔

ساری دنیا میں ہر لمحہ نماز کے لئے اذان دی جاتی ہے جس میں آپ ﷺ کا اسم مبارک دہرایا جاتا ہے۔ زمین و آسمان میں موجود اللہ کی مخلوقات اللہ کے ذکر کے ساتھ آپ ﷺ کی تعریف میں لگی ہوئی ہیں اور انسانوں میں جن لوگوں کو اللہ نے ایمان کی دولت سے سرفراز فرمایا، وہ لوگ اللہ کے حکم اور آپ ﷺ کے طریقۂ زندگی پر اپنی زندگی گزارتے ہوئے آپ ﷺ سے عشق کا اظہار کرتے ہیں اور یہ عشق کا اظہار بھی آپ ﷺ کی تعریف کا ایک ذریعہ ہے۔ اس طرح نعت کا مفہوم بہت وسیع اور گہرا ہے۔

نعت کی بلیغ اور جامع تعریف کرتے ہوئے ممتاز حسین لکھتے ہیں کہ:

> ''میرے نزدیک ہر وہ شعر نعت ہے جس کا تاثر ہمیں حضور نبی کریم ﷺ کی ذات گرامی سے قریب لائے جس میں حضور ﷺ کی مدح ہو حضور ﷺ سے خطاب کیا جائے۔ صحیح معنوں میں نعت وہ ہے جس میں محض پیکر نبوت کے صوری محاسن کی بجائے مقصد نبوت سے دل بستگی پائی جائے، جس میں جناب رسالت مآب ﷺ سے صرف رسمی عقیدت کا اظہار نہ ہو بلکہ حضور ﷺ کی شخصیت سے ایک قلبی تعلق موجود ہو۔ وہ مدح یا خطاب بالواسطہ یا بلاواسطہ اور شعر و نظم ہو یا غزل، قصیدہ ہو یا مثنوی، رباعی ہو یا مثلث، مخمس ہو یا مسدس اس سے نعت کی نوعیت میں کوئی فرق نہیں پڑتا۔ البتہ نعتیہ کلام کی معنوی قدر و قیمت کا دار و مدار اس کے نفس

مضمون پر ہے۔ اگر اس کا مقصد ذاتِ رسالت کی حقیقی
عظمت کو واضح کرنا اور آقائے دو جہاں کی بعثت کی جو اہمیت
نوع انسانی اور جملہ موجودات کے لئے ہے اسے نمایاں کرنا
ہو تو وہ صحیح طور پر نعت کہلانے کا مستحق ہے"۔[6]

اس طرح ہم کہہ سکتے ہیں کہ نعت ایک ایسی نظم ہے جس میں حضور اکرم ﷺ کی ذات مبارک کے تمام اوصاف و کمالات آپ ﷺ کی سیرت اور اُس کے ساتھ ساتھ آپ ﷺ سے مسلمانوں کے عقیدت کا جذباتی اظہار ہوتا ہے۔

نعت کا تعلق خاص طور سے عشق رسول ﷺ سے ہے اور عشق رسول ﷺ کمالِ ایمان کی اہم شرط ہے اور عشق رسول ﷺ کا ثبوت اطاعت رسول ﷺ سے ہے اس طرح کہا جا سکتا ہے کہ اطاعت کے نام پر صرف عشق کے زبانی دعوے کر دینا اور نعت میں اُن کے اظہار سے نعت گوئی کا حق ادا نہیں کر سکتا بلکہ حقیقی نعت گوئی وہ ہوگی جب صاحب نعت حب رسول ﷺ میں ڈوب کر اطاعت رسول ﷺ کا عملی نمونہ پیش کرے اور وہ نعت کے ذریعہ آپ ﷺ کی تعریف بیان کرے۔

نعت گوئی کا فن

تمام اصناف سخن میں نعت ہی وہ واحد صنف سخن ہے جو بہت کٹھن ہے گرچیکہ پڑھنے اور موضوعات کے اعتبار سے بہت آسان نظر آتی ہے لیکن فنی باریکیوں اور نزاکتوں کے مطالعہ کے بعد اس فن سے عہد برآ ہونا آسان نہیں۔ کیونکہ یہ ایک طرف عشق رسول ﷺ کا معاملہ ہے تو دوسری طرف عظمت رسول ﷺ کا معاملہ ہے جبکہ خود خالق کائنات نے اپنے حبیب کی عظمت میں کہا ہے کہ لاترفعوا اصواتکم فوق صوت النبی

نعت کی باریکیوں کا احساس اور ادب واحترام کے بعد صرف نعت گو شعراء ہی نہیں بلکہ ناقدین

نے بھی ادب واحترام کے ساتھ اس کی نشاندہی کی ہے۔

نعت کے فن کے متعلق عصر حاضر کے ایک ممتاز اور مقبول مولانا احمد رضا خاں صاحب لکھتے ہیں کہ:

''حقیقتاً نعت لکھنا بہت مشکل کام ہے اس میں تلوار کی دھار پر چلنا ہے اگر شاعر بڑھتا ہے تو الوہیت میں پہنچ جاتا ہے اور کبھی گرتا ہے تو تنقیص ہوتی ہے۔ حمد آسان ہے اس میں راستہ صاف ہے۔ جتنا چاہے بڑھ سکتا ہے لیکن نعت شریف میں سخت حد بندی ہے۔ ۷

ریاض الحسن نعت میں ادب واحترام کے تقاضہ کے پیش نظر فرماتے ہیں کہ

''نعت چونکہ الفت رسول ﷺ کی ولولہ انگیزی اور جوش محبت کی ترجمانی ہوتی ہے۔ اسی لئے نعت گو شاعر سرور و محبت کی بے خودی میں منہاج اعتدال سے لغزش کر جاتا ہے اور دوسرے انبیاء سے رحمت عالم کا تقابل کر کے ایسے الفاظ کہے جاتے ہیں جو در حقیقت نعت رسول ﷺ نہیں ہوتے بلکہ ان میں توہین انبیاء کرام کا مفہوم مضمر ہوتا ہے''۔ ۸

مجید امجد بھی نعت کی باریکیوں کے پیش نظر لکھتے ہیں کہ:

''جناب رسالت مآب ﷺ کی تعریف میں ذرا سی لغزش نعت گو کو حدود کفر میں داخل کر سکتی ہے، ذرا سی کوتاہی مدح کو قبح میں بدل سکتی ہے''۔ ۹

فن نعت کی مشکلات کا ذکر کرتے ہوئے ابواللیث صدیقی رقم طراز ہیں کہ:

''نعت کے موضوعات سے عہدہ برآ ہونا آسان نہیں موضوع کا احترام کلام کی بے کیفی و بے رونقی کی پردہ پوشی کرتا ہے۔ نقاد کو نعت گو سے باز پرس کرنے میں تامل ہوتا ہے دوسری طرف نعت گو کو اپنی فنی کمزوری چھپانے کے لئے نعت کا پردہ بھی آسانی سے مل جاتا ہے۔ شاعر ہر مرحلہ پر اپنے معتقدات کی آڑ پکڑتا ہے اور نقاد جہاں کا تہاں رہ جاتا ہے لیکن نعت گوئی کی فضاء جتنی ہی وسیع ہے اتنی ہی اس میں پرواز بھی مشکل ہے''۔[10]

ڈاکٹر اے ڈی نسیم فن نعت کی ناہمواریوں کا ذکر کرتے ہوئے رقمطراز ہیں کہ:

''نعت گوئی کا راستہ پل صراط سے زیادہ کٹھن ہے اس پر بڑی احتیاط اور ہوش سے چلنے کی ضرورت ہے اس لئے اکثر شاعروں نے نعت کہنے میں اپنی بے بسی کا اظہار کیا ہے جس ہستی پر خدا دُرود بھیجتا ہے انسان کی کیا مجال کہ اس کی تعریف کا احاطہ کر سکے''۔[11]

نعت کے موضوعات

حضور اکرم صلی اللہ علیہ وسلم کی ذات اقدس کی بے شمار پہلو ہیں۔ آپ ﷺ کے حسن و جمال سے بھرپور سراپا کا بیان، ساری انسانیت کے لئے مثال بننے والے آپ ﷺ کے اخلاق حمیدہ پر مبنی سیرت اور آپ ﷺ کی داخلی اور خارجی زندگی کے ہر لمحہ کو نعت کا موضوع قرار دیا جاسکتا ہے۔ اس کے علاوہ آپ ﷺ سے مسلمانوں کو ہونے والی محبت اور اس محبت سے پیدا ہونے والے جذبات بھی نعت شریف کا موضوع ہوتے ہیں۔ آپ ﷺ کی ترسٹھ

سال کی مختصر دنیاوی حیات میں انسانی زندگی کے بے شمار پہلو ہیں۔ سیاسی، سماجی، معاشی، معاشرتی، اخلاقی اور دیگر پہلوؤں کو متاثر کیا۔ یہ تمام پہلو نعت کے موضوعات میں شامل ہوتے ہیں۔

نعت کا سفر عربی اور فارسی سے اردو میں آیا عربی شاعری کی تاریخ سے پتہ چلتا ہے کہ جب کفار مکہ آپ ﷺ سے گستاخی کرتے ہوئے آپ ﷺ سے سخت کلمات بیان کرتے تھے۔ تو آپ ﷺ پر مر مٹنے والے صحابہؓ اور اسلام کے پرستار نعتیہ کلام کے ذریعہ کفار کے زبانی حملوں کا جواب دیتے تھے۔ ایک صحابیؓ حضرت کعب بن مالکؓ کی شاعری سے متعلق جواب میں آپ ﷺ نے ارشاد فرمایا جس کا مفہوم یہ ہیکہ :

''اے ایمان والو، تلوار سے بھی جہاد کیا جا سکتا ہے اور زبان سے بھی قسم ہے اس ذات کی جس کے قبضۂ میں میری جان ہے۔ کفار کے مقابلے میں تمہارا شعر پڑھنا تیر اندازی کی طرح ہے''۔ ۱۲

اسی طرح ایک موقع پر جب حضرت کعبؓ نے آپؐ سے نعت گوئی کے بارے میں سوال کیا تو آپؐ نے ارشاد فرمایا جس کا مفہوم ہے۔

''مومن اپنی تلوار سے بھی کام لیتا ہے اور اپنی زبان سے بھی یعنی پیغمبر اسلام کی مدافعت کے لئے تلوار سے کام لیتا ہے اور زبان سے بھی''۔ ۱۳

عربوں کی ایک اور خصوصیت تھی کہ وہ اظہار تفاخر کے لئے لوگوں کے سامنے اپنے اسلاف کے کارنامے بیان کرتے تھے۔ اُن کی یہ خصوصیت نعت گوئی میں بھی شامل رہی۔ عربی نعت کی تاریخ کے مطالعہ سے پتہ چلتا ہے کہ حضور اکرم صلی اللہ علیہ وسلم کی تعریف میں صحابہ کرامؓ نے

آپ ﷺ کی سیرت بیان کی آپ ﷺ کے حسن و جمال، شجاعت وسخاوت، امانت و دیانت اور دیگر خصوصیات کو بیان کیا۔

آپ ﷺ کے آباء و اجداد اور خاندان کی تعریف کی۔ دیگر پیغمبروں پر آپ ﷺ کی فضیلت کو بیان کیا اور اسلامی عقائد کو بھی نعت کے ساتھ پیش کیا۔ آپؐ کے مکہ سے مدینہ ہجرت اور وہاں اسلام کے تیزی سے پھیلنے کے بعد نعت کے موضوعات بھی بڑھے۔ اور وقت گزرنے کے ساتھ جبکہ سیرت طیبہ کا بیان ایک فن اختیار کر گیا تو نعت کے موضوعات میں بھی وسعت آئی۔ نعت کے موضوعات کا ایک حصہ آپ ﷺ کی ذات مبارک سے منسوب ہے۔ جس میں آپ ﷺ کی تمام انبیاء پر فضیلت آپ ﷺ کا باعث تخلیق کائنات ہونا، آپ ﷺ کے خاندان کی برتری، دیگر آسمانی کتابوں میں آپ ﷺ کی آمد کی بشارت، آپ ﷺ کے جسم اطہر کا نور ہونا، آپ ﷺ کا خاتم النبیین اور رحمۃ اللعالمین ہونا وغیرہ نعت کے موضوعات رہے ہیں۔ اس کے علاوہ آپ ﷺ سے محبت میں صحابہؓ نے عمدہ مثال قائم کی تھی۔ اور آپ ﷺ کے پسینہ، لعاب کو بطور تبرک اپنے جسم پر مل لیتے تھے اور آپ ﷺ کے وضو کے پانی کو نیچے گرنے نہیں دیتے تھے۔ موئے مبارک کو تبرکاً محفوظ کر لیتے تھے، آپ ﷺ کی شخصیت اور ذات کی خوبیاں نعت کے اس حصہ میں بیان ہوئیں۔

نعت شریف کے موضوعات کا دوسرا حصہ آپ ﷺ کی سیرت طیبہ سے متعلق ہے۔ جس میں آپ ﷺ کے خاندان، دادا، والدین، چچا کا ذکر آپ ﷺ کی ولادت پرورش اور بچپن کے واقعات کا بیان ہے۔ نبوت سے قبل آپ ﷺ کی زندگی کے حالات اور نبوت کے بعد مکی و مدنی زندگی کے بے شمار واقعات کا ذکر نعت کے موضوعات ہیں۔

معجزات نبی ﷺ بھی نعت کا اہم موضوع رہا ہے جس میں معجزہ قرآن، معجزہ شق القمر، معجز رجز، کنکریوں کا کلمہ پڑھنا، درخت کا زمین چیرتا ہوا آنا، حیوانات کا گفتگو کرنا' واقعہ معراج وغیرہ

بھی نعت کے موضوع بنے ہیں۔آپ ﷺ نے امانت صداقت، دیانت، شجاعت، سخاوت، شرافت، اُخوت، محبت، ہمدردی، حلم، بردباری، حلاوت، جودوسخاع اور فضل وعطا کی جو عظیم مثال قائم کی تھی وہ بھی نعت کے موضوعات ہیں۔اس کے علاوہ مسلمانوں نے آپ ﷺ سے والہانہ محبت کا اظہار بھی نعتوں میں کیا ہے۔

شمیم احمد نعت کے موضوعات پر روشنی ڈالتے ہوئے لکھتے ہیں کہ

> ''تمنائے زیارت، صباء کے ذریعہ آپ ﷺ تک سلام و فریاد رسانی، مسجد نبوی میں حاضری اور روضۂ اقدس ﷺ پر درود و سلام پڑھنے کی خواہش کا اظہار بھی نعت کے اہم موضوعات میں شامل ہیں۔ نیز اپنے گناہوں کا اظہار اشک ندامت بہانہ رسول ﷺ سے شفاعت طلبی، اپنے غموں کے مداوا کیلیئے رسول ﷺ سے فریاد مدینہ جاکر رسول ﷺ کے روضہ پاک کی زیارت کی تمنا، خواب میں دیدار کی آرزو، مدینے میں دفن ہونے کی خواہش جیسے مضامین نعت کا موضوع ہیں''۔[۱۴]

نعت گوئی کے موضوعات میں ذکر مدینہ بھی ایک اہم موضوع رہا ہے۔

دنیا میں دوشہر دو باتوں کی وجہ سے دنیا کے دیگر شہروں پر فوقیت رکھتے ہیں۔شہر مکہ کو دیگر شہروں پر اس لئے فوقیت حاصل ہے کہ وہاں خانۂ کعبہ موجود ہے جس کی طرف رُخ کرتے ہوئے ساری دنیا کے مسلمان نماز پڑھتے ہیں اور شہر مدینہ کو دیگر شہروں پر اس لئے فوقیت حاصل ہے کہ یہاں آپ ﷺ کا روضۂ مبارک موجود ہے اور آپ ﷺ اپنی رحمتوں اور برکتوں کے ساتھ مسجد نبوی ﷺ کے ایک گوشہ میں آرام فرمارہے ہیں۔ساری دنیا کے مسلمانوں کی یہ دلی

خواہش ہوتی ہے کہ وہ مکہ معظّمہ اور مدینہ منورہ کا سفر کر کے خانہ کعبہ کا دیدار کریں اور آپ ﷺ کے در اقدس پر حاضری دے کر اپنے ایمان کو مضبوط بنائیں۔ چنانچہ نعت گو شعراء نے گنبد خضراء، روضۃ اقدس کی جالی، مسجد نبوی ﷺ کے گوشوں اور مدینے کی گلیوں، خاک مدینہ، مدینے کی ہوا وغیرہ کو بھی اپنی نعتوں کا اہم موضوع بنایا ہے۔ اس طرح نعت کے موضوعات میں آئے دن وسعت ہوتی جا رہی ہے اور انسان کے بڑھتے مسائل اور آپ ﷺ سے بڑھتے عشق کے ساتھ نعت کے موضوعات کا کینوس وسیع تر ہوتا جا رہا ہے۔

نعت کے وسیع تر موضوعات کا ذکر کرتے ہوئے راجہ رشید محمود لکھتے ہیں کہ:

> ''آپ ﷺ کی رسالت تمام انسانیت کے لئے ہے۔ آپ تمام اقوام عالم کے لئے رحمت اور تمام بنی نوع انسان کے لئے محسن بن کر آئے آپ ﷺ کے فیضان رسالت کو کسی ایک قوم یا زمانے تک محدود نہیں رکھا جا سکتا۔ انسان کی ہر منزل ارتقاء کے پس منظر میں آپ ﷺ کی شخصیت اور روشن تعلیمات کی کارفرمائی ہے، نعت گو شعراء، آپ ﷺ کی عظمت، کردار، خلق عظیم، اسوہ حسنہ، منشور و شریعت کا مطالعہ اپنی ذات و قوم کے دائرے سے لیکر انسانی اور آفاقی تصورات کی افادیت تک کرتے ہیں۔ اس طرح عصر حاضر کی نعتوں میں آپ ﷺ کا ذکر پیغمبر اسلام کے ساتھ محسن انسانیت کے طور پر بھی کیا جاتا ہے۔ ایک انگریز مصنف MICHAEL HART نے اپنی تصنیف "THE HUNDRED" میں جس میں دنیا کی سو 100 عظیم

شخصیتوں کی تفاصیل درج کی ہیں۔ اس نے محسن انسانیت ﷺ کو دنیا کی سو عظیم شخصیات میں سرفہرست رکھا۔ آج کی نعت اپنے مرکزی موضوع (مدحت رسول ﷺ) سے پھیل کر دنیا بھر کے مسائل کو محیط کر رہی ہے۔ بقول حفیظ تائب! گزشتہ چند برسوں سے نعت میں اس معیار و معراج انسانیت کے حوالے اپنے احوال کا جائزہ لینے کا رجحان عام ہو رہا ہے اور زندگی کا ہر مسئلہ نعت کا موضوع بن رہا ہے یوں نعت کا کینوس وسیع سے وسیع تر ہوتا چلا جا رہا ہے۔[۱۵]

نعت گوئی میں احتیاط کے پہلوؤں کو متقاضی رکھنے کی خاطر بعض لوگ کہتے ہیں کہ نعت کے موضوعات بھی محدود ہیں اور اُن میں مزید اضافے کی گنجائش نہیں لیکن یہ خیال غلط ہے۔ کیونکہ ذکر رسول ﷺ اور عشق رسول ﷺ کے لامحدود موضوعات ہیں اور ہر زمانے میں اظہار کے طریقوں میں تنوع اور تبدیلی آئی ہے نعت کے موضوعات کی وسعت کا احاطہ کرتے ہوئے حلیم حاذق کہتے ہیں کہ:

''لیکن ہمارے بعض ناقدین ادب محض چند عمومی باتوں، واقعات و خیالات کی تکرار کو دیکھنے کے بعد یہ حکم صادر کر دیتے ہیں کہ نعت کا موضوع محدود ہے۔ حالانکہ اگر وہ چاہیں تو موضوعات کی نوعیت، ماہیت اور روایت و درایت ہی کے تصورات کو سامنے رکھ کر اپنے شکوؤں کا حل تلاش کر سکتے ہیں۔ اگر یہ انداز فکر و نظر ان کے لئے ناقابل عمل ہو تو کم از کم نعت کے بنیادی اور براہِ راست موضوعات سے

ایسے گوشے نکال کر تزئین سخن کا اہتمام کر سکتے ہیں۔ مثلاً حضور رحمت عالم صلی اللہ علیہ وسلم کی سوانح و سیرت کے انفرادی اوصاف و کمالات جن میں حضور کا خاتم نبوت ہونا، امام انبیاء ہونا، رحمت کونین ہونا، محبوب رب العالمین ہونا، حسب ونسب میں اعلیٰ ہونا، جسمانی حسن و جمال میں بے نظیر ہونا، صاحب خلق عظیم ہونا، قول وفعل میں یکساں ہونا پیغمبرانہ اوصاف کے تحت عالم انسانیت کا قائد اعظم ہونا جیسے اوصاف حمیدہ کے ساتھ معجزات و کمالات کو پیش نظر رکھ کر ہزاروں اوراق کے دفتر لگا سکتے ہیں۔ اس کے علاوہ وہ اعمال و افعال اور تعلیمات کے تحت زندگی کے تمام گوشوں اور شعبوں کے لئے ایک لازوال اور بے مثال Idea تصور سامنے رکھ کر زندگی و بندگی کے تمام پہلوؤں کو اُجاگر کرنے کا فریضہ انجام دے سکتے ہیں۔ دوسری صورت یہ ہے کہ نبی رحمت ﷺ سے متعلق و منسوب اشیاء اور شخصیات سے عقیدت و محبت مثلاً گنبد خضریٰ، جوار مدینہ، ارض حرم وغیرہ نیز آپؐ کی آل و اصحاب ازواج مطہرات سے عقیدت رکھنا اور اُن کے کردار افعال کی نورانیت کو اپنی حیات کے لئے مشعل راہ بنانا ذات برصفات کا ہر پہلو اس قدر روشناس و تابناک ہے کہ کسی بھی گوشۂ حیات کے کسی بھی پہلو کے بارے میں یہ کہنا ممکن نہیں کہ فلاں پہلو مکمل طور پر اُجاگر

ہو چکا ہے اور فلاں پہلو پر اب مزید لکھنے کی گنجائش نہیں کیونکہ حضور کریم ﷺ کی سیرت مبارکہ ایک مینارہ ہدایت ہے۔ یہی اسباب ہیں کہ نعت کے موضوعات کا دائرہ وقت گزرنے کے ساتھ ساتھ پھیلتا جا رہا ہے اور پھیلتا ہی جائے گا کیونکہ انسانی فکر جب بھی اور جہاں سے بھی رحمت عالم کو پکارے گی وہاں رحمت کی تقدس مآب کرنیں پہنچ کر ہدایت کے جلوے بکھیرتی رہیں گی۔ نعت کے موضوعات دراصل اپنے مرکز و محور میں گردش کرتے ہیں لیکن جب انسانی تہذیب و تمدن اور افکار و خیالات اس کے دائرے میں ہوتے ہیں تو اس میں نئی معنویت کی لہریں بیدار ہو جاتی ہیں۔

جیسا کہ جدید عہد میں مادی ایجادات کی قیامت خیز بالا دستی سے روح انسانیت چیخ رہی ہے اور اخلاقی و تہذیبی قدریں ریت بکھر رہی ہیں۔ انسان میں مشین اور حیوان میں فرق و امتیاز کا تصور موہوم و معدوم ہو چکا ہے۔ اس عالم کرب میں روح ہے اور رحمت عالم کی عالمگیر رحمت نے روح انسانیت کی گرتی ہوئی دیوار کو سہارا دیا ہے۔

دنیائے صحرائے حیات میں پا بجولاں چل رہی ہے اور رحمت عالم کی رحمت روح کی اُنگلیاں تھامے نئی حیات کا مژدہ سنا رہی ہے۔ ذرا اس پس منظر میں اردو کی جدید نعتیہ شاعری کو دیکھیں موضوعات کی وسعتوں کا جائزہ لیں، حیات اور

کائنات کے عصری مسائل کا تجزیہ کریں تو ہر قدم پر وسعتوں کا اعتراف کرنے پر مجبور ہونگے۔ جیسا کہ صاحبان فکر ونظر فرماتے ہیں کہ آج بھی سید المرسلین کے احسانات کی چادر کے نیچے پوری انسانیت نظر آتی ہے۔ تاریخ،شہریت،نوراول کی رحمت سے مستفیض ہے۔ علم وعرفان،شعور وآگہی،معلم اول کی عطا ہے۔ ہر زمین وزمانے کی ہدایت کے لئے سراج منیر کی ضوفشانیاں عام ہیں۔ آج بھی نبیؐ آخر کا ہر فرمان ہدایت کی علامت اور آپ ﷺ کا ہر فعل عظمتِ کردار نسان ہے۔

آج بھی حرا کی روشنی سب دلکش اور فاران کی آواز سب سے دل گداز ہے۔ آج بھی فتح مکہ بے عیب ضابطہ اخلاق اور خطبہ آخر لاریب عالمی منشور حیات ہے۔ آج بھی طائف کا واقعہ مظلوم کی فتح کا حوالہ اور ہجرت حبشہ ضعیف کی قوت کا استعارہ ہے۔ آج بھی معراج مصطفٰے بشری استعداد کے لئے ہدف اور چیلنج ہے۔ آج بھی ہجرت مدینہ معاشرت کے احکام کی دلیل ہے اور صلح حدیبیہ سیاست کی کامیابی کی ضمانت ہے۔ اگر ہمارا ماضی ہمارے حال میں ضم ہو جائے تو یہی آج مستقبل کا اشاریہ ہوگا''۔[۱۶]

نعت گوئی کے محرکات

حضور اکرم صلی اللہ علیہ وسلم سے محبت کا اظہار ہر مومن کا شیوہ ہے۔ اظہار کے طریقے کئی

ہیں۔ اگر کسی مومن بندے کو اظہار خیال پر قدرت ہو اور وہ خیر سے شاعر بھی ہو تو حضورﷺ سے محبت کے اظہار پر مبنی خیالات کو منظوم شکل میں پیش کرے گا۔ یہی نعت گوئی کا اہم محرکہ ہوسکتا ہے۔

جب کوئی تجربہ شاعر کے وجود اور احساس کا حصہ بن جاتا ہے تو وہ شعر کے سانچے میں ڈھل کر تخلیق پاتا ہے۔ حضورﷺ سے محبت اور آپ صلی اللہ علیہ وسلم کی تعریف وتوصیف کے جذبات ہر مسلمان کے ایمان وعقیدہ کا حصہ ہوتے ہیں اور نعت گوشعراء ان جذبات کو نظم کی شکل میں پیش کرتے ہیں۔

چنانچہ محبت کے تین جذبات (۱) حسن و جمال (۲) فضل وکمال اور (۳) جود ونوال ہیں۔ جو نعت گوئی کے اہم محرکات ہیں۔ ایک گنہگار انسان خدا اور اس کے رسولﷺ کی رحمت کا طلبگار ہوتا ہے۔ وہ چاہتا ہے کہ دامن رسول میں اُس کو جگہ مل جائے۔ اس کے گناہ دھل جائیں اس طرح کے محرکات بھی نعت گوئی کے محرکات میں شامل ہوتے ہیں۔

نعت کی ہیئت

نعت گوئی کے محرکات اور وسیع و بسیط موضوعات اس بات کا ثبوت فراہم کرتے ہیں کہ تمام آفاقی اصناف سخن میں نعت گوئی ایک امتیازی حیثیت کی حامل ہے۔ جسے آج تک کسی ہیئت یا فارم تک محدود نہیں رکھا جاسکا۔ نعت کے ہمہ گیر موضوعات ہیں کہ شاعر جس ہیئت میں موضوع نعت کو فکری وقلبی وسعتوں کے ساتھ ہمکنار کرنے کی صلاحیت رکھتا ہو اسی فارم کو استعمال کرے اس طرح کے مسائل ہمارے ناقدین ادب کے لئے صبر آزما ہو جاتے ہیں۔

صنف نعت کا اہم تقاضہ شریعت کی مکمل پاسداری ہے جو نعت کی ظاہری ومعنوی ساخت اور نظام وفکر وخیال کو افراط وتفریط سے محفوظ رکھتی ہے۔ قوانین اسلام کی روشنی میں ایک فنکار کی فکری و وجدانی لہریں بڑی سبک خرامی سے سفر کرتی ہیں اور اپنے اسلام مخالف

رجحانات ومیلانات سے دامن بچا کر گزرنے کی سعادت نصیب ہوتی ہے۔

اگر شرعی قوانین کا علم نہ ہو تو اولاً نعت گوئی ممکن نہیں۔ دوم نعت گو افراط وتفریط کا شکار ہو کر اپنی عاقبت برباد کرے گا۔ اسی لئے اعلیٰ درجہ کی نعتیہ شاعری کے لئے صرف فنی لیاقت ومہارت اور قدرت کلام ہی سب کچھ نہیں بلکہ ان علوم وفنون سے زیادہ مقام رسالت ونبوت کا سچا احترام وحدانیت ورسالت کے فرق وامتیاز کا حقیقی عرفان مقام عبودیت اور محبوبیت کے رموز واسرار سے آگاہی اور حضور ﷺ سے بے پناہ عشق ومحبت کے لازمی تقاضے ہیں۔ اِن اُمور کے علاوہ دین فطرت اور محسن انسانیت کے عالمی اور آفاقی احکامات ونظریات کا خاطر خواہ ادراک ہونا بھی ضروری ہے۔ جس کی روشنی میں بنی نوع انسان کے عصری مسائل کو صحت مند قدروں سے آشنا کرنے کی قوت ملتی ہے۔ یہ ساری چیزیں جب ہمارے علم وشعور کے نہاں خانے میں سمٹ آتی ہیں اور فکر وخیال کو گہرائی و گیرائی عطا کر دیتی ہیں تو نعت میں ایمان وعرفان کی کثرت اور خلوص وصداقت سے ایسی جلا پیدا ہو جاتی ہے جس سے معانی کے ہزاروں عالم نظر آنے لگتے ہیں۔

ابتدائی زمانے اسلام میں حضور صلی اللہ علیہ وسلم کی تعریف وتوصیف میں کیئے گئے بعض کنایہ جملوں کو بھی نعت ہی میں شمار کیا گیا۔ شاہ نجاشی کے دربار میں حضرت جعفر طیارؓ کے حضور ﷺ کے حلیہ مبارکہ کے بیان کو بھی نعت کہا گیا۔

قدیم اسلامی کتب میں نثر میں نعت کے بعض نمونے ملتے ہیں جس میں حمد یہ تحریر کے بعد نعتیہ باتیں لکھی ہیں۔ لیکن بعد کے زمانے میں جبکہ نعت کی اصطلاح مروج ہو گئی صرف نظم کی شکل میں حضور ﷺ کی تعریف کے بیان کو نعت کہا گیا۔ اردو کی قدیم مثنویوں میں حمد کے بعد نعتیہ کلام کی مثالیں ملتی ہیں۔ بعد کے دور میں نعت کے لئے غزل کے فارم کو زیادہ استعمال کیا گیا۔ لیکن نعت کے لئے قصیدہ، مثنوی، رباعی، قطعہ، متضاد ترکیب بند، ترجیع بند، مخمس،

مسدس، مربع، مثلث وغیرہ ہیئتیں استعمال کی گئیں۔

ہندوستانی اثرات کے سبب بعض شعراء نے نعت کے لئے گیت، راگ، دوہے کی ہیئت کو بھی استعمال کیا۔ دور جدید کی شعری اصناف سانیٹ، ہائیکو، آزاد نظم، معریٰ نظم اور نثری نظم میں بھی نعت کہی جارہی ہے۔ اس طرح ہم کہہ سکتے ہیں کہ شاعر کو جذبات کے اظہار میں جس ہیئت میں آسانی ہو اور وہ جس صنف پر کمال رکھتا ہو اُس صنف میں نعتیہ شاعری کر سکتا ہے۔ لیکن اس کے لئے عام غزل کی شاعری کے برخلاف نعتیہ شاعری میں احتیاط کے پہلوؤں کو ملحوظ رکھنا ضروری ہے۔

نعت گوئی کے آداب

آداب نعت کے متعلق قرآن کریم کی یہ آیت ہی کافی ہے کہ ''لاترفعوا اصواتکم فوق صوت النبی'' خدا خود جب اپنے محبوب کی شان میں یہ کہے تو اس سے آداب نعت کا اندازہ کیا جاسکتا ہے اور نعت ایک ایسی صنف سخن ہے جو شاعر سے احتیاط کا مطالبہ کرتی ہے کیونکہ نعت گوئی ایک فن نہیں بلکہ اسلامی عقیدے کا ایک اظہار ہے اس لئے اس میں سخت احتیاط کی ضرورت ہے۔ چنانچہ کہا گیا ہے کہ نعت گوئی میں جھوٹ کی بالکل گنجائش نہیں اور ایسا مبالغہ جو جھوٹ کی حد میں شامل ہو جائز نہیں۔ البتہ تشبیہ و استعارہ استعمال کیا جاسکتا ہے اور شرعی حدود میں رہ کر کچھ حد تک مبالغہ آرائی کی جاسکتی ہے۔

اللہ کے رسول ﷺ نے سچائی کی تلقین کی تھی اور آپ ﷺ اپنی زندگی میں صادق کے نام سے جانے جاتے ہیں۔ اسلئے سچے و صادق رسول ﷺ کی تعریف جھوٹے انداز میں نہیں کی جاسکتی ورنہ نعت گوئی کا مقصد حاصل نہیں ہوگا۔ اس لئے نعت گو شعراء کے لئے ضروری ہے کہ وہ فنِ نعت کو دیگر اصناف سخن سے بالکل مختلف سمجھیں۔ نعتیہ اشعار کی تخلیق کے دوران تخیل کی پرواز کو شریعت کے دائرے میں رکھیں۔ آپ ﷺ سے محبت کے اظہار کے ضمن میں شور، شرابے کے

بجائے اطاعت وسپردگی کا اظہار کریں۔ اسلامی عقائد کی باریکیوں پر نظر رکھیں اور آپ ﷺ کے ذکر میں جوش کے بجائے ہوش سے کام لیں۔

نعت لکھنے میں احتیاط کے پہلو

نعت گوئی جہاں عشق کا معاملہ ہے وہیں احتیاط طلب امر بھی ہے کیونکہ نعت کے ذریعہ عشق کے اظہار میں مومن اپنے ایمان سے ذرہ برابر بھی غفلت نہیں کرسکتا لیکن بعض نعت گوشعراء نے نعت گوئی میں غلو کیا ہے اور عشق کے جذبات کو اس حد تک آگے بڑھا دیا ہے کہ وہاں ایمان کو خطرہ پیدا ہو گیا۔ اس لئے نعت لکھنے والوں کو چند ایک احتیاط کرنی چاہئے۔

ا۔نعت شریف کا لکھنا بہت مشکل ہے تلوار کی دھار پر چلنا ہے اگر اتنا بڑھا کہ الوہیت میں پہنچا جاتا ہے تو مارا گیا اور شمہ برابر تنقیص ہوئی تو مارا گیا۔

۲۔ وہ الفاظ جو معشوقِ مجازی کے لئے آتے ہیں جیسے اعضاء، دلربا، نعت شریف میں ممنوع ہیں۔

۳۔تشبیہات تانیثی کا استعمال نہ ہو جیسے لیلیٰ وغیرہ۔

۴۔بجائے نام اقدس صلی اللہ علیہ وسلم کے اسمائے صفاتی ہوں تو بہتر ہے۔

۵۔خصوصاً ندا کے وقت مثلاً رسول اللہ یا حبیب اللہ ضروری ہے۔

۶۔نام اقدس لے کر ندا حرام ہے۔

غیر ندائیہ انداز میں بھی ساقیٔ کوثر آفتاب رسالت، شفیع المذنبین وغیرہ کہنا اور لکھنا چاہئے۔

۸۔اسی طرح یثرب، کالی کملی، رشک قمر وغیرہ متروک ہیں۔

۹۔تخیلات، خلاف واقعہ یا مبالغہ آمیز نہ ہونا چاہئے۔ مثلاً حضور ﷺ کے فراق میں دن رات روتا ہوں۔

۱۰۔ دیگر انبیاء کرام علیہ السلام کے مقام میں معاذ اللہ توہین نہ ہونے پائے۔

۱۱۔ نعت خواں کو چاہیے کہ وہ بیت الخلاء میں تخیلات پر زور نہ دیں نیز جو شعر نعت میں آ چکا ہو اس کو من و تو طرف منسوب نہیں کرنا چاہیے۔

نعت گوئی کے لوازم

نعت گوئی کے موضوعات اور اُن کے اظہار کی نسبت کے بیان اور نعت گوئی کے دوران ملحوظ رکھے جانے والے احتیاط کے پہلوؤں کے بیان کے بعد آیئے دیکھیں کہ اُس کے لوازمات کیا ہیں۔

نعت گوئی کے دوران ادب و احترام بنیادی پہلو ہے۔ اس کے علاوہ عشق رسول ﷺ، حفظ مراتب، طرز اظہار، الفاظ کا استعمال اور دیگر باتیں نعت گوئی کے لوازمات میں شمار کی جاتی ہیں۔

عشق رسول ﷺ

نعت گوئی کے لوازمات میں عشق رسول ﷺ کو بنیادی درجہ حاصل ہے۔ بغیر عشق کے نعت نہیں کہی جا سکتی۔ اس لئے نعت گو شاعر کو حضور ﷺ کی ذات اور آپ ﷺ کی سیرت اور آپ ﷺ کی تعلیمات اور سنتوں سے مکمل واقفیت اور والہانہ لگاؤ ہو اور وہ اُن پر عمل کرتا ہو۔ تب ہی وہ آپؐ سے سچی محبت کا اظہار نعت میں کر سکتا ہے۔ ورنہ صرف عشق و محبت کے زبانی دعوے نعت میں حقیقی جذبات کا رنگ نہیں بھر سکتے۔

اللہ کے رسول ﷺ نے اپنے ارشاد میں فرمایا جس کا مفہوم یہ ہے کہ ''کوئی بندہ اس وقت تک کامل مومن نہیں ہو سکتا جب کہ میں اُسے اپنی جان، والدین، اولاد بیوی بچوں اور دنیا کی مال و دولت سے زیادہ عزیز نہ ہو جاؤں''۔

اس طرح حضورﷺ کی ذات اور تعلیمات سے سچی محبت کا جذبہ حقیقی نعت گوئی میں اثر پیدا کر سکتی ہے۔ اس لئے نعت گوئی میں وہی لوگ کامیاب ہوئے جنھوں نے اپنے دل کو محبت رسولﷺ سے سرشار رکھا۔

حفظ مراتب

نعت گوئی کے لوازمات میں حفظ مراتب کا خیال رکھنا بھی اہم شرط ہے۔ شریعت کے حدود کی پاسداری ضروری ہے اور اللہ اور اُس کے رسولﷺ کے مقام کا اندازہ بھی ضروری ہے۔ بعض شعراء نے اللہ اور اس کے رسولﷺ کے مرتبے میں اونچ نیچ کی ہے جس سے فنِ نعت گوئی کو نقصان پہنچا ہے، جب تک کوئی نعت گو شاعر توحید و رسالت اور الوہیت و نبوت کے نازک رشتے کو نہ سمجھے اور جب تک اُسے خدا اور اُس کے رسولﷺ کے حفظ مراتب کا شعور کامل نہ ہو وہ نعت گوئی کے منصب سے عہدہ برآ نہیں ہوسکتا۔

ادب واحترام

حضور اکرمﷺ کی ذات اللہ تعالیٰ کے بعد اس روئے زمین پر سب سے زیادہ ادب واحترام کی لائق ذات ہے جس کا ذکر قرآن میں جگہ جگہ کیا گیا ہے۔

ایک جگہ ارشاد ربانی ہے کہ:

’’بے شک اللہ اور اس کے فرشتے نبی صلی اللہ علیہ وسلم پر درود بھیجتے ہیں اے ایمان والو تم بھی ان پر درود بھیجو‘‘۔

اور ایک جگہ ارشاد ہے کہ ’’اے ایمان والو! اپنی آواز کو نبیﷺ کی آواز پر بلند نہ کرو‘‘۔ اور اللہ نے ایسے لوگوں کی قرآن میں تعریف کرتے ہوئے کہا کہ جو لوگ رسولﷺ کے سامنے اپنی آواز کو پست رکھتے ہیں یہ وہی لوگ ہیں جن کے دلوں کا امتحان اللہ تعالیٰ نے تقویٰ میں لیا

ہے۔ چنانچہ نعت گوئی کا ایک ادب یہ بھی ہے کہ نعتیہ کلام میں جذبات کے اظہار کے دوران محبت کے ساتھ بصارت اور بصیرت سے بھی کام لیا جائے۔ ایسا کوئی لفظ یا خیال ظاہر نہ کیا جائے جو آپ ﷺ کے ادب واحترام کے خلاف ہو۔ ورنہ اللہ اور رسول ﷺ کی ناراضگی کا موجب ہوگا اور باعث گرفت بھی ہوگا۔

بابائے اردو مولوی عبدالحق نے نعت کے لوازم میں ادب واحترام کے ضمن میں لکھتے ہیں کہ

''نعت میں وہی ذکر ہونا چاہیے جو خدا کے نبی ﷺ کے شایان شان ہو اور جس کے پڑھنے اور سننے سے لوگوں پر روحانی اور اخلاقی اثر پڑے اور معلوم ہو کہ کمال بشریت اسے کہتے ہیں۔ نہ یہ کہ تمام نعتیہ قصائد سننے کے بعد دل میں یہ خیال آئے کہ شاہد رعنا خوش رو خوش اندام نازک بدن کی تعریف ہے''۔

طرز اظہار

نعت گوئی میں خیالات کے اظہار میں بھی احتیاط کا پہلو اہمیت رکھتا ہے کیونکہ یہ سارے انبیاء کے سردار فخر رسول، احمد مجتبیٰ محمد مصطفےٰ ﷺ کا ذکر مبارک ہے۔ آپ ﷺ کے سراپا اور آپ ﷺ کی سیرت کے بیان میں ایسے الفاظ وتراکیب کا استعمال کرنا چاہیے جن سے تعظیم وتقدیس کا اظہار ہوتا ہو اور عام انسانوں کے برخلاف آپ ﷺ کے لئے الگ طریقے کا اظہار ہونا چاہیے۔ اس کے لئے شاعر کو الفاظ کے انتخاب پر قدرت رکھنی چاہیے۔ الفاظ کے استعمال میں ذراسی بے احتیاطی حضور ﷺ کی شان میں گستاخی کا باعث ہوسکتی ہے۔ اس ضمن میں نیاز فتح پوری لکھتے ہیں کہ:

> ''نعت گوئی میں طرز ادا کے ساتھ ایک اور نازک مرحلہ الفاظ کے انتخاب واستعمال کا بھی ہے۔ نعت کی فضاء غزل سے مختلف ہوتی ہے اس کے موضوع کے اعتبار سے الفاظ

کے انتخاب واستعمال میں پاکیزگی اور شائستگی کا خیال خاص رکھنا چاہئے۔نعت میں ایسے لفظ کے استعمال سے بھی گریز کرنا چاہئے جس سے گستاخی یا غیر شائستگی کا اظہار ہو۔نعت میں یہ مقام اتنا نازک ہے کہ آدابِ نعت سے واقف نامور شعراء کے بھی قدم یہاں لڑکھڑا جاتے ہیں۔غرض کہ قصیدہ اور مدح رسولؐ میں کئی اشعار ایسے ہیں جو غیر شائستہ ہیں اور چند شعر تو فحش اور گندے بھی ہیں''۔

اس لئے نعت گو شعراء کے لئے ضروری ہے کہ وہ احتیاط سے کام لیں تا کہ حضورﷺ کی شان میں کوئی گستاخی نہ ہو اور ادب واحترام کا دامن بھی نہ چھوٹے۔

اندازِ خطابت

اللہ تعالیٰ نے اپنے حبیبﷺ کا ذکر قرآن کریم میں جا بجا کیا ہے۔لیکن آپﷺ سے اللہ تعالیٰ نے بھی محبت وادب کا اظہار کیا ہے اور آپﷺ کا اسم مبارک ''محمدؐ'' صرف چار جگہ استعمال ہوا ہے۔اس کے علاوہ آپ کو قرآن میں بیشتر مقامات پر آپﷺ کی مختلف صفات سے مخاطب کیا گیا ہے کہیں آپ کو یٰسین وطٰہٰ کہا گیا تو کہیں مزمل و مدثر کہا گیا۔اس لئے نعت گو شعراء کے لئے ضروری ہے کہ وہ نعت میں آپﷺ سے خطاب کے دوران ادب و احترام کو ملحوظ رکھیں اور روایتی شاعری کے الفاظ آپﷺ کے لئے استعمال نہ کریں۔نعت کے لوازمات میں ادب واحترام کے کئی پہلو ہیں جن میں زبان و بیان کا استعمال، انتخاب الفاظ، تشبیہ واستعارات کا استعمال حضورﷺ سے انداز تخاطب میں ادب واحترام شامل ہے۔ نعت کے لوازمات میں احتیاط پر زور دینے کے سلسلے میں ڈاکٹر عرشیہ جبین اپنی تصنیف ''تہنیت النساء تہنیت''میں رقمطراز ہیں کہ

"عشق رسول ﷺ کا جذبہ نعت کی روح ہے اور مقام مصطفےٰ کا سچا ادراک اس کی جان۔ یہ دونوں صفات ایک ہی جلوہ کا پرتو ہیں اور جب یہ دونوں آبگینہ شعر میں منعکس ہوتی ہیں تو نعت اس رتبہ کو پہنچتی ہے جو اس کا مقصود ہے۔نعت میں یہ کمال پیدا کرنے کے لئے کمال سخن وری اور کمالِ آ گہی درکار ہے اور ان دونوں کو بلا مشق کے سرمدی جذبہ سے ملتی ہے جو لفظوں کو تجلیات سے بھر دیتا ہے اور معنی ہی میں وسعتیں دیتا ہے۔نعت دراصل ایک مقدس آزمائش ہے۔ بیان عقیدت کی روح سے ایمان کی غرض وغایت کی رو سے قوتِ ادراک کی ،نعت گو کی فکر لامحدود کی حد میں متعین نہیں ہیں۔ وہ قدم قدم پر احکامات قرآنی کا پابند ہوتا ہے اس کا ہر لفظ سرشاری و احترام سے معمور ہے۔ احتیاط اتنی کہ بات قرآن حکیم کے ارشاد کے مطابق ہو اور احترام کا تقاضہ یہ کہ مدح مرتبۂ رسالت ﷺ کی حقیقی سطح پر فائز ہو، زماں و مکاں کے رموز سے آگاہی بھی ضروری ہے۔نعت ان ذی فضیلت لوگوں کا منصب ہے جن کی عمر عزیز معنی قرآن کو اسوہ رسول اللہ ﷺ کو اپنانے میں صرف ہوتی ہے اور جو اس سفر میں درپیش مقامات کو شاعر اظہار کی منزلوں تک پہنچا سکتے ہیں۔ حقیقی اور معیاری نعت لکھنا ہر کسی کے بس کی بات نہیں۔ اپنے لوازمات کی وجہ سے نعت نہایت مشکل صنف سخن ہے۔ نعت میں شاعر کو

عقیدت وارادت کے جن نازک مقامات اورمحسوسات کی لطیف سطحوں سے گزرنا پڑتا ہے۔ وہاں عام روش کی شعرگوئی کام نہیں دیتی۔ شاعر کا کمال فن اور الفاظ کا سلسلہ ان تمام اثر اندازیوں کے باوجود حضور صلی اللہ علیہ وسلم کے توصیف کے مقام پر آ کر عاجز ہوتا ہے ۔ [۱۷]

نعت کی قسمیں

موضوع، مواد اور پیشکشی کے اعتبار سے نعت کی کئی قسمیں ہیں۔ نعت گوئی کے فن پر کام کرنے والوں نے نعت کے دو بنیادی قسمیں بیان کی ہیں۔

ا۔ رسمی نعت گوئی

یہ ایک قسم کی شعری روایت ہے۔ جس طرح روایت کی پاسداری اور اُسے ایک نسل سے دوسری نسل تک پہنچانا فریضہ سمجھا جاتا ہے اُسی طرح اردو کے قدیم شعراء نے اپنی منظوم شاعری کے آغاز میں روایتی انداز میں حمد و نعت کے اشعار شامل کیئے ہیں۔ اردو کی مثنویوں کے آغاز میں حمد و نعت کی روایت ملتی ہے۔ یہاں شاعر کا مقصد نعتیہ اشعار پیش کرنا نہیں بلکہ شاعری کے معاملہ میں اپنے دور کی روایات کو ملحوظ رکھنا ہے کیونکہ اس دور میں کسی بھی مثنوی سے قبل حمد و نعت کہنا لازمی تھا۔ اس طرح کی نعت گوئی کا ایک مقصد حصول برکت بھی ہے۔

حقیقی نعت گوئی

اس طرح کی نعت گوئی شعوری طور پر کی جاتی ہے اور شاعر عشقِ رسول ﷺ میں ڈوب کر حصولِ ثواب و برکت کی خاطر ذکر رسول ﷺ و تعلیمات رسول ﷺ کو عام کرنے کی نیت سے صرف

نعتیہ اشعار کہتا ہے اُس کا مقصد کوئی اور نظم لکھنا نہیں ہوتا اس لئے شاعر نعت گوئی کے حقیقی جذبات میں ڈوب کر سچے دل سے نعت کہتا ہے۔اردو کے مشہور نعت گو شاعر محسن کاکوروی کا نام اس طرح کے حقیقی نعت گو شعراء کی قسم میں سرفہرست ہے۔محسن کاکوروی کی نعت گوئی کے بارے میں فرمان فتح پوری لکھتے ہیں کہ

> ''محسن نے دوسرے شعراء کی طرح نعت گوئی کو جزوی یا رسمی طور پر نہیں اپنایا بلکہ اسے پوری توجہ اور پورے شعور کے ساتھ فکر وفن کی جولان گاہ بنایا۔ بلاشبہ اردو شاعری میں نعت گوئی کی روایت کو مستقل حیثیت دینے اس کے امکانات کو روشن کرنے اور شاعری کو بلند سطح تک پہنچانے میں جتنا ہاتھ محسن کا ہے کسی اور کا نہیں''۔ ۱۸

ہیئت اور مواد کے اعتبار سے نعت گوئی کی دیگر اقسام اس طرح ہیں۔

عشقیہ نعت

عشق محمدی ﷺ کا اظہار نعت کا اہم پہلو رہا ہے۔چنانچہ ایسی نعت جس میں حضور اکرم ﷺ کی ذات آپ ﷺ کی صفات آپ ﷺ کی سیرت اور آپؐ کی سنتوں، آپ کے خاندان، اور آپ کے صحابہؓ سے محبت کا اظہار عشقیہ نعتوں میں ہوتا رہے۔اس قسم کی نعتوں میں مدینہ سے دوری پر بے چینی، روضۂ رسول ﷺ پر حاضری کی آرزو، مدینہ جانے والوں کو حسرت کی نگاہ سے دیکھنا، مدینے میں مرنے اور وہاں کی مٹی میں دفن ہونے کی آرزو، مدینہ کی پُر فضاء ہواؤں کا ذکر، عشقیہ نعت کے موضوعات ہیں۔اس قسم کی نعتوں میں شاعر عشق محمدی ﷺ میں ڈوب کر جذبات کا اظہار کرتا ہے۔

توصیفی نعت

اس قسم کی نعتوں میں حضورﷺ کی تعریف و توصیف ہوتی ہے۔ آپﷺ کے ظاہری و باطنی اوصاف بیان کئے جاتے ہیں اور آپﷺ کی سیرت کے پہلوؤں کو اُجاگر کیا جاتا ہے۔ اس قسم کی نعتوں میں بھی عشق محمدیﷺ کا عنصر غالب رہتا ہے۔

مقصدی نعت

حضورﷺ کے زمانے میں بعض صحابہؓ نے کفار کی زبانی تکالیف کا جواب دینے کے لئے حضورﷺ کی تعریف و توصیف کو جوابی کارروائی کے طور پر استعمال کیا ہے اور بعد کے دور میں تبلیغ اسلام کے لئے نعت کو ایک مقصد کے طور پر استعمال کیا جارہا ہے۔ اس قسم کی مقصدی نعتوں کو پیش کرنے کا مقصد حضورﷺ کی بزرگی و بڑائی کو عام کرنا ہے۔ اس طرح نعت کو اچھے مقاصد کے حصول کے لئے بھی استعمال کیا گیا ہے۔

تاریخی نعت گوئی

نعت کا ایک انداز تاریخی بھی ہے جس میں آپﷺ کی سیرت مبارکہ کے واقعات تاریخی انداز میں بیان کئے گئے ہیں۔ تاریخی نعتوں میں وہ نعتیں بھی شامل ہیں جن میں نور نامے، میلاد نامے، وفات نامے شامل ہیں۔ حضورﷺ کے زمانے کی جنگوں، غزوات اور مہمات کے واقعات کا بیان بھی تاریخی نعتوں کا حصہ ہے۔

نعت میں صلوٰۃ وسلام

حضور پر صلوٰۃ وسلام پڑھنا اور درود بھیجنا اللہ کا حکم اور آپﷺ کی سنت رہی ہے۔ سورہ احزاب میں اللہ نے کہہ دیا کہ ''اللہ تعالیٰ اور اُس کے فرشتے آپﷺ پر سلام بھیجتے

ہیں۔اس لئے اے ایمان والو! تم بھی آپ ﷺ پر صلوٰۃ وسلام بھیجو' چنانچہ نعت کے آغاز پر حضور ﷺ کی خدمت میں صلوٰۃ وسلام پیش کرنا بھی نعت کا اہم حصہ ہے اور شعراء نے ساری نعت بھی صلوٰۃ وسلام کے بیان پر کہی ہے۔

نعت کے قدیم اور جدید اسلوب

نعت گوئی کا فن قرآن وحدیث سے لے کر قدیم آسمانی کتب اور آپ ﷺ کی بعثت سے لے کر زمانے حال تک ہر زمانے میں ہوتا رہا ہے۔عربی اور فارسی شاعری میں نعت گوئی کا فن مقامی اثرات کے ساتھ ترقی پاتا رہا اور اردو شاعری کی طرح اردو نعت گوئی بھی عربی و فارسی اثرات کی حامل رہی لیکن بعد کے دور کے اردو شعراء نے نعتوں میں ہندوستانی روایت کو شامل کیا تو نعت گوئی کے اسالیب میں بھی فرق آیا۔قدیم دور میں زیادہ تر نعتیں،قصیدہ،مثنوی اور غزل کی ہیئت میں لکھی گئی اور اُن میں روایتی علامات،تشبیہات واستعارے استعمال کئے گئے اور حضور ﷺ کے ذکر مبارک میں جگہ جگہ مجازی محبوب سے خطاب کا انداز اختیار کیا گیا۔

۱۸۵۷ء کے بعد اردو شاعری کی طرح اردو نعت کی ہیئت اور اسلوب میں بھی فرق آیا۔نعت کے جدید دور کا آغاز الطاف حسین حالؔی سے ہوتا ہے۔جبکہ انھوں نے اپنی مشہور مسدس مدوجزر اسلام میں چند نعتیہ اشعار کے بند اس طرح کہے ہیں۔

وہ نبیوں میں رحمت لقب پانے والا
مرادیں غریبوں کی بر لانے والا
مصیبت میں غیروں کے کام آنے والا
وہ اپنے پرائے کا غم کھانے والا
فقیروں کا ملجا ضعیفوں کا ماویٰ
یتیموں کا والی غلاموں کا مولیٰ

خطا کار سے درگزر کرنے والا
بداندیش کے دل میں گھر کرنے والا
مفاسد کا زیر و زبر کرنے والا
قبائل کو شیر و شکر کرنے والا

اُتر کر حراء سے سوئے قوم آیا
اور اک نسخہ کیمیاء ساتھ لایا
مسِ خام کو جس نے کندن بنایا کھرا اور کھوٹا الگ کر دکھایا
جس پہ قرنوں سے تھا جہل چھایا پلٹ دی اک آن میں اُسکی کایا

رہا ڈر نہ بیڑے کو موجِ بلا کا
اِدھر سے اُدھر پھر گیا رُخ ہوا کا [19]

حاؔلی کے بعد آنے والے شعراء نے نعت گوئی کے اسالیب میں وسعت پیدا کی اور نعت کے مضامین کو سیرت و تاریخ کے مستند حوالوں کے ساتھ صحت مند روایات کی روشنی میں پیش کیا ہے۔ جدید نعت گو شعراء نے محبت رسول ﷺ کی سرمستی اور آپ ﷺ کی تعریف و توصیف کے ساتھ ساتھ آپ ﷺ کی رسالت و بشریت کے شعور کا اظہار بھی کیا اور نئی شعری اصناف میں نعت کہی گئی۔ اردو کے دور جدید کے نعت گو شعراء میں عبدالعزیز خالدؔ، حفیظ نائبؔ، حافظ لدھیانویؔ، مظفر وارثی، ماہر القادری، احمد ندیم قاسمی، عاصی کرنولی اور قیوم نظر کے نام قابل ذکر ہیں۔

اردو نعت پر ہندوستانی اثرات

نعت کا تعلق خالص اسلامی عقیدے سے ہے لیکن اردو شاعری کی تاریخ اس بات کی مظہر ہے کہ نعت گوئی کے فن پر مسلم نعت گو شعراء کے علاوہ غیر مسلم نعت گو شعراء نے بھی اپنے

کمال کا اظہار کیا ہے۔

شاہی دور میں درباروں میں شعراء بلا لحاظ مذہب وملت اردو میں شاعری کرتے تھے اورفرقہ پرستی کے جذبے سے پاک اس دور کی شاعری میں جہاں مسلم شعراء نے رام، سیتا، کرشن، ہولی، دیوالی کا ذکر کیا ہے وہیں غیر مسلم شعراء نے حمد ونعت بھی کہی ہیں۔ گزرتے زمانے کے ساتھ جب ہندی زبان کے اثرات اردو پر واضح ہونے لگے تو نعت گوئی پر بھی اُس کا اثر پڑا اور نعتوں میں ہندی کے دیومالائی اثرات شامل ہونے لگے۔ نعت میں حضورﷺ سے خطاب کے لئے نسائی لب ولہجہ جوگن کا تصور، درشن کو ترستی آنکھیں، گوبند عسکرہ بانسری، ساجن مہابلی، سمراٹ وغیرہ الفاظ شامل ہوگئے۔ اردو شعراء نے بطور فن ہندی الفاظ کو نعتوں میں شامل کیا۔

نعت گوئی کے فن کا اجمالی جائزہ

نعت گوئی کی تعریف، نعت گوئی کا فن اُس کے لوازمات اور اُس کی اقسام وغیرہ کے اس مطالعہ سے اندازہ ہوتا ہے کہ نعت شعری صنف ہونے سے کہیں زیادہ حضورﷺ سے محبت کے اظہار کا ایک مقدس ذریعہ ہے۔ اس لئے نعت گو شاعر کے لئے ضروری ہے کہ وہ اپنے ظاہر اور باطن سے حضورﷺ سے محبت واطاعت کی مثال پیش کرتے ہوئے نعت گوئی کرے، مبالغہ آرائی سے پرہیز کرے اور شریعت کے دائرے میں رہتے ہوئے نعت کہے۔ اللہ کے رسولﷺ کی محبت اور عقیدت کو اللہ نے کھول کر پیش کر دیا ہے۔ یہ نعت گو شاعر کی ذمہ داری ہے کہ وہ اپنے طور پر نعت گوئی کے موضوعات کو پیش کرے اور نعت گوئی کو سعادت سمجھ کر بطور ثواب و برکت اور حصول رحمت کے لئے اس فن سے وابستہ رہے۔ نعت گوئی سے دنیاوی مال و دولت اور عزت وشہرت کی تمنا نہ رکھے۔ تب ہی اُس کی نعت گوئی حقیقت کا روپ اختیار کر سکتی ہے۔

حواشی

١۔مولوی نورالحسن،نوراللغات،جلد چہارم ص ٦٢١
٢۔ابن سیدہ: نقوش رسول نمبر جلد دوم ص ١٠
٣۔نقوش رسول نمبر جلد نمبر ١٠ ص نمبر ١٥
٤۔ڈاکٹر حمیرہ جلیلی،دیباچہ معراج سخن
٥۔ڈاکٹر فرمان فتح پوری،اردو کی نعتیہ شاعری ص ٤١
٦۔ممتاز حسین خیرالبشر کے حق میں
٧۔آیت نمبر ٢،سورہ حجرات پارہ نمبر ٢٦
١/٧۔مولانا احمد رضا بریلوی،الملفوظ،حصہ دوم ص نمبر ٤
٨۔شعری حسن اور کلام رضا،مطبوعہ حنفی لائل پوری (اعلیٰ حضرت نمبر) اپریل نمبر ١٩٧٣ء ص ٢٦
٩۔منظور احمد مہجور،دیباچہ بام عرش،ص نمبر ٤
١٠۔ابواللیث صدیقی لکھنو کا دبستان شاعری،ص نمبر ٥٤٤
١١۔ڈاکٹر اے ڈی نسیم،اردو شاعری کا مذہبی اور فلسفیانہ منظر،ص ٢٩١
١٢۔علامہ محمد نوراللہ،انواراحمد۔بہ حوالہ۔تہنیت النساء تہنیت شخصیت اور نعت گوئی۔از عرشیہ جبین۔ص۔٧
١٣۔علامہ محمد انواراللہ،انواراحمد۔بہ حوالہ۔تہنیت النساء تہنیت شخصیت اور نعت گوئی۔از ۔عرشیہ جبین۔ص۔٧
١٤۔شمیم احمد آداب ہومی،مشمولہ نقوش رسول نمبر ص ٣٦
١٥۔راجا رشید محمود،ورفعنالک ذکرک ص نمبر ١٢٦
١٦۔حلیم حاذق۔اُصول نعت گوئی۔ص۔١٥۔١٦۔کلکتہ۔سنہ ٢٠٠٩ء
١٧۔عرشیہ جبین۔تہنیت النساء تہنیت شخصیت اور نعت گوئی۔ص۔٢٤
١٨۔فرمان فتح پوری۔اردو کی نعتیہ شاعری۔ص۔٥٩۔دہلی۔٢٠٠٢
١٩۔الطاف حسین حالی۔مسدس حالی۔ص۔١٧۔دہلی۔سنہ ٢٠٠٣

☆ دوسرا باب

نعت کا آغاز وارتقاء

نعت کا آغاز وارتقاء: اللہ سبحانہ وتعالیٰ نے اپنے حبیب حضرت محمد مصطفیٰ صلی اللہ علیہ وسلم کو سببِ وجودِ کائنات بنایا۔ اور اس کائنات کی تخلیق کا اصل مقصد آپ ﷺ سے اظہارِ محبت اور آپ ﷺ کے عالی مرتبے کو ظاہر کرنا ہے۔ اور تخلیق کائنات خود اپنے اندر یادِ رسول ﷺ لئے ہوئے ہے۔ اللہ نے اپنی تخلیقی شان کے اظہار کے لئے سب سے پہلے اپنے حبیب صلی اللہ علیہ وسلم کے نور انور کی تخلیق کی اور بعد میں سب کچھ تخلیق ہوا۔ جب حضرت آدمؑ کی تخلیق ہوئی اور آپ کو جب پہلا الہام ہوا تو آپؑ کو ''ابو محمد'' کہہ کر پکارا گیا۔ آپؑ نے عرش پر نور محمدی کو دیکھ کر تعجب سے پوچھا اے میرے پروردگار یہ کیسا نور ہے۔ ارشاد ہوا:

> ''یہ نور اس نبی ﷺ کا ہے جو تمہاری اولاد میں سے ہوگا
> جن کا نام آسمانوں پر احمد ﷺ اور زمین پر محمد ﷺ ہوگا اگر یہ
> نور نہ ہوتا تو میں نہ تمہیں پیدا کرتا نہ زمین وآسمان پیدا کئے
> جاتے''۔[1]

یہی وہ توصیفی کلمات تھے جو (بطور تعارف) خالق کائنات جل شانہ کی طرف سے اپنے محبوب بندے اور رسولِ اولین وآخرین ﷺ کی شان میں ارشاد ہوئے۔ لازم تھا کہ جس کی ثناء خود مالک کائنات نے بیان کی اور اپنے بندے حضرت آدمؑ کو اُس سے آگاہ کیا وہ بھی اُس کے حضور خراج پیش کرے جس کے صدقے میں اُسے خلیفۃ الارض کا منصب جلیلہ ملنے والا تھا۔ آخر وہ وقت بھی آگیا۔ یہی مشیت ایزدی تھی جب حضرت آدمؑ سے بھول ہوئی شجرِ

ممنوعہ کے قریب گئے جنت سے حکم سفر ملا اور بعد المشر قین کی سزا پائی۔ نام محمد ﷺ کے واسطے سے مغفرت ملی اور زمین پر اکٹھے کر دیئے گئے تو حضرت آدمؑ کو حواؑ سے قرب کی خواہش ہوئی۔ حضرت حوا نے مہر طلب کیا۔ حضرت آدم نے خدا سے اس باب میں عرض کی تو ارشاد ہوا:

''اے آدم ہمارے حبیب محمد الرسول اللہ ﷺ پر بیس مرتبہ درود بھیجو'' ۲

روئے زمین پر حبیب خدا ﷺ کا یہ پہلا ذکر تھا۔ پہلا درود پہلی مدح اور پہلی نعت جو انسانوں کے جدِ امجد پہلے انسان اور خدا کے پہلے مامور خلیفۃ الارض حضرت آدمؑ نے آنے والے نبی محمد ﷺ بن عبداللہ کے حضور پیش کی۔

اللہ تعالیٰ نے آپ کو احمد ﷺ اور محمد ﷺ کہا۔ احمد کا مطلب ہے بہت تعریف کرنے والا یعنی آپ ﷺ وہ عظیم انسان ہیں جن سے زیادہ کسی نے اپنے خالق کی تعریف نہیں کی۔ محمد کا مطلب ہے بہت تعریف کیا گیا۔ یعنی آپ ﷺ وہ بلند پایہ شخصیت ہیں جن سے زیادہ کسی کی تعریف نہیں کی گئی۔ خود اللہ تعالیٰ آپ ﷺ کا نعت خواں ہے اور قرآن میں اللہ تعالیٰ نے جابجا آپ ﷺ کی تعریف کی ہے اور آپ ﷺ کی تعریف کے طور پر آپ ﷺ پر درود و سلام پڑھنے کی اس طرح تلقین کی گئی کہ

''ان اللہ وملائکتہ یصلون علی النبی یا ایھاللذین آمنو صلو علیہ وسلمو تسلیما'' ۳

کلام الٰہی ازل سے ابد تک ہے۔ گویا نعت رسول ﷺ ازلی بھی ہے اور ابدی بھی۔ منشائے فطرت بھی ہے اور تقاضائے ازل بھی۔ حکم خداوندی بھی ہے اور ابدی اظہار بھی۔ دل کی آرزو بھی ہے اور ارواح کی تڑپ بھی، اللہ تعالیٰ چونکہ مرکز جمال و کمال ہے اس لئے محبوب خدا کا جلوہ بھی صبح ازل کی ضو اور شام ابد کی لو ہے۔ اللہ تعالیٰ مرکز جمال و کمال ہے اور اللہ تعالیٰ نے اپنے جمال کا جلوہ اپنے محبوب کے ذریعہ پیش کیا اور پھر اپنے محبوب کی اپنے کلام میں متعدد مرتبہ مختلف الفاظ سے تعریف کی گئی ہے۔

اور حضورﷺ کی شان میں کہا جانے والا ہر کلمہ نعت ہے۔

کتب آسمانی میں نعت

قرآن کے علاوہ دیگر الہامی کتابوں میں بھی آپﷺ کی دنیا میں تشریف آوری اور اس دنیا سے ظلم کے اندھیروں کو روکنے اور علم کی روشنی کو عام کرنے میں آپﷺ کی خدمات کی پیشن گوئیاں کی گئی ہیں جو نعت کی حیثیت رکھتی ہیں۔ آسمانی کتابوں تورات، زبور، انجیل میں بھی آپﷺ کی آمد کا ذکر تعریف وتوصیف کے ساتھ بیان کیا گیا ہے۔ اس کے علاوہ دیگر مذاہب کی کتابوں جیسے گوتم بدھ کے ملفوظات، اتھرو وید کے منتر، پارسیوں کی مذہبی کتابوں وغیرہ میں حضورﷺ کی آمد اور آپﷺ کے کارناموں کو نعتیہ انداز میں پیش کیا گیا ہے۔

> ''حضرت عبداللہ بن سلام'' کہتے ہیں کہ تورات میں آپﷺ کی صفات لکھی ہیں اور یہ بھی لکھا ہے کہ حضرت مسیحؑ (نزولِ ثانی کے بعد) آپ کے ساتھ مدفون ہوں گے''۔

۴

حضرت کعب الاحبار تورات سے یوں نقل کرتے ہیں۔

> ''محمد رسولﷺ میرے پسندیدہ بندے بدی کا بدلہ بدی سے نہیں دیتے بلکہ معاف کردیتے ہیں اور درگزر فرماتے ہیں۔ آپﷺ کی جائے پیدائش مکہ مقام ہجرت مدینہ اور مرکز سلطنت شام ہے۔ گویا ہر مذہبی کتاب میں آپ کو ہادیٔ منتظر کے طور پر پیش کیا گیا ہے''۔ ۵

> ''مہاتما بدھ نے اپنی موت کے وقت نندا کو تسلی دیتے ہوئے کہا تھا کہ میں کوئی آخری بدھ نہیں اپنے وقت پر دنیا میں

ایک اور بدھ آئے گا مقدس منور القلوب عمل میں دانائی، عالم
کائنات اور انسانوں کا عظیم سردار جو غیر فانی حقائق میں نے
ظائر کئے وہ ظاہر کرے گا وہ ایک مکمل ضابطۂ حیات اور مکمل
نظام زندگی کی تبلیغ کرے گا۔ وہ رحمت عالم کے نام نامی سے
آئے گا''۔ ۶ے

ماقبل اسلام نعت گوئی

حضور ﷺ کی ولادت سے پہلے بھی عرب شعراء نے نعتیہ کلام پیش کیا تھا۔ یمن کے بادشاہ تبع نے نعتیہ اشعار کہے تھے جن میں وصف نبوی کا ذکر دل کی بیتاب تمناؤں کے ساتھ ملتا ہے۔ چنانچہ وہ اشعار مندرجہ ذیل ہیں۔

القی الی نصیحة لی ازد جر	اس نے مجھے نصیحت کی کہ میں اس
عن قرية تحجورة له محمد	آبادی سے ہٹ جاؤں جو محمد ﷺ کی
شهدت علی احمد انه رسول	وجہ سے محفوظ رکھی گئی ہے۔ میں
من الله جاری السنة فلو مو	شہادت دیتا ہوں کہ احمد صلی وآلہ وسلم
عـــــــمـــــــری. ۷ے	اللہ کے رسول ہیں جان آفرین ہے
	اگر میری عمر اس کی عمر تک لمبی ہو تو
	میں ضرور اس کا وزیر اعظم بنوں گا۔

ایک عرب شاعر قس بن ساعدہ نے آپ ﷺ کی تعریف میں غائبانہ طور پر چند اشعار پیش کئے تھے:

الـــحـــمـــدلله الـــذی	لـم یـخـلـق الـخـلـق عبث
ارســل نبیـنــا احــمــداً	خیــر نبــی قــد بـعــث
صــلــی عـلـیــه الله مــا	حــج لــه رکــب وحــث[8]

"سب تعریف اس اللہ کے لئے جس نے مخلوق کو بے فائدہ پیدا نہیں کیا۔ اس نے ہم میں احمد صلی اللہ علیہ وسلم کو بھیجا اور بہتر نبی مبعوث کیا۔ جب تک کے قافلے اللہ کے گھر کا حج کرتے ہیں ان پر درود وسلام بھیجا جاتا رہے"۔ قس بن ساعدہ کے ان اشعار کو حضور ﷺ کی بعثت سے پہلے کہ اولین نعتیہ اشعار کا درجہ حاصل ہے۔

ولادت نبوی ﷺ کے بعد کی اولین نعت

ظہور قدسی کے بعد پہلے کلماتِ نعت شاید آپ ﷺ کی والدہ ماجدہ ہی نے آپ ﷺ کی شان میں کہے ہیں۔ عرب دستور کے مطابق جب آپ ﷺ کی پرورش کے لئے آپ کو دائی حلیمہ کے حوالے کیا جارہا تھا تب آپ ﷺ کی بابرکت ذات سے ناواقف دائی حلیمہ نے یہ سوچ کر کے یتیم بچے کی پرورش سے مجھے کیا مال ودولت ملے گا آپ ﷺ کو اپنی رضاعت میں لینے سے تامل کیا تو "سیدہ آمینہؓ نے اسے تسلی دیتے ہوئے فرمایا۔ یاظهـر تسـلـی عن ابـنـک نــان سیـکـون لـه شـان" اے دایہ تسلی رکھ میرے اس بچے کی بہت بڑی شان ہوگی"۔[9]

جب حلیمہ سعدیہؓ آپ کو لے کر چلیں تو سیدہ آمینہؓ کے زبان سے بے ساختہ یہ اشعار نکلے جو ولادت نبوی ﷺ کے بعد کی ایک اولین نعت ہے۔

"اعـیـذ بــاالله ذی الـجـلال	مـن شـرمـا مـر عـلـی الجبال
حتـی اراه حــامـل الـحـلال	ویــفــعـل خشـوـة الـرجـال

ویفعل العرف الی الموالی"[10]

''میں اپنے بچے کو خدائے ذوالجلال کی پناہ میں دیتی ہوں۔ اس شر سے جو پہاڑوں پر چلتا ہے۔ یہاں تک کہ میں اُسے شتر سوار دیکھوں اور دیکھ لوں کہ وہ غلاموں کے ساتھ اور درماندہ لوگوں کے ساتھ سلوک واحسان کرنے والا ہے''۔

حضورﷺ کی رضاعی بہن شیما بنت الحراث السعدیہ جب آپﷺ کو بہلاتی تو یہ لوری کہتیں :

یا ربنا ابق لنا محمدا   حتی اراہ یا بعا وامردا

ثم اراہ سیدا امستوداً   والیست اتحادیہ معاو الحسدا

راعطہ عزا یدوہ بدا

''اے پروردگار! تو ہمارے محمدﷺ کو باقی رکھ یہاں تک کہ میں اُن کو نوعمر جوان اور امرد دیکھ لوں اور پھر اُنھیں سردار عالی مقام دیکھوں تو اُس کے دشمنوں اور حاسدوں کو یک لخت مغلوب کرنا اور اُسے ایسی عزت اور غلبہ عطا کرنا جسے دوام حاصل ہو''۔[11]

نعت گوئی کا فنی آغاز

یوں تو حضور صلی اللہ علیہ وسلم کی توصیف میں آپﷺ کی بعثت سے پہلے بھی کہا گیا لیکن نعت گوئی کی صورت میں اس کی ابتداء طلوع اسلام سے ہوتی ہے اور طلوع اسلام کے بعد بھی ہجرت کے بعد سے اس میں فنی باریکیوں کا بھی لحاظ کیا جاتا ہے۔ حضورﷺ جب مکہ سے مدینہ تشریف لائے تو انصار کی معصوم بچیوں کی زبانوں پر جو اشعار تھے ان میں بیان کی جو واقعیت، دل کی عقیدت روح کی جو مسرت اور ادا کی جو بے ساختگی ہے اسے دیکھ کر یوں محسوس ہوتا ہے کہ یہ نعت کی وہ اولین بنیاد ہے جس پر فنی باریکیوں کا بھی خیال رکھا گیا ہے۔

چنانچہ ہجرت نبویﷺ کے بعد کی اولین فنی نعت کے اشعار اس طرح ہیں:

طلع البدر علینا　　　　من ثنیات الودا
وجب الشکر علینا　　　　مادعا للہ داع
ایھا المبعوث فینا　　　　جئت بالامر المطار ۱۲

''جنوب کے ان پہاڑوں سے ہم پر چودھویں کا چاند طلوع ہوا کیا عمدہ دین اور تعلیم ہے۔ ہم پر اللہ کا شکر واجب ہے اور تیرے حکم کی اطاعت فرض' کہ تو اللہ کا بھیجا ہوا ہے۔''

دور صحابہ میں نعت گوئی

عہد نبوت میں صحابہ کرام رضی اللہ عنہم اجمعین نے آپ ﷺ سے راست تربیت پائی تھی اور آپ ﷺ سے بے پناہ محبت کا اظہار کرتے ہوئے نعتیہ اشعار بھی کہے تھے۔ اسلام سے قبل زمانہ جاہلیت کی عرب شاعری اپنی فصاحت و بلاغت کے لئے مشہور تھی مگر خرافات سے بھری ہوئی تھی۔ سبع معلقہ کے سات قصائد خانہ کعبہ کی دیوار پر سال بھر لٹکائے جاتے تھے۔ عکاظ کے میلے میں عرب کے بہترین شاعر کا انتخاب ہوتا تھا لیکن اسلام کی آمد کے بعد عربی شاعری میں جھوٹ اور مبالغہ آرائی پر پابندی عائد ہوئی۔ صحابہ کرامؓ نے عشق نبی ﷺ میں ڈوب کر شاعری کی ہے مگر کبھی مبالغہ یا غلو نہیں کیا۔

چند صحابہ اپنی فصاحت و بلاغت کے لئے شہرت رکھتے تھے انھوں نے بعض مواقع پر آپ ﷺ کی تعریف میں نعتیہ اشعار بھی کہے۔

حضرت حسان بن ثابتؓ اور حضرت عباس بن عبدالمطلب کو یہ شرف حاصل رہا کہ ان کے اشعار بارگاہ رسالت مآب صلی اللہ علیہ وسلم میں پڑھے جاتے تھے تو حضور ﷺ مسکرا کر داد دیتے اور پسندیدگی کا اظہار فرماتے۔

حضرت کعب بن زبیرؓ نے دربار نبی ﷺ میں اپنا نعتیہ قصیدہ پیش کیا تو حضور ﷺ نے خوش ہو کر اپنی ردائے مبارک اُنھیں عطا کی تھی اور صحابہؓ سے فرمایا تھا کہ اسے سنو وہ شعر یہ ہے:

ان الرسول لسيف يستضاء به

مهنه من سيوف الله مسلول

''بے شک رسول اللہ وہ سیف ہیں جس سے روشنی حاصل کی جاتی ہے وہ اللہ کی تلواروں میں سے ایک تیغ کشیدہ ہیں''۔ یہ اشعار، حضرت کعب بن زبیر نے ۸ ہجری میں فتح مکہ کے بعد مشرف بہ اسلام ہو کر حضورﷺ کے روبرو پڑھے تھے اور جب حضرت کعب نے آخری شعر پڑھا تو حضورﷺ اس قدر خوش ہوئے کہ آپﷺ نے اپنی ردائے مبارک ان کے سر پر ڈال دی۔ اس لئے اس قصیدہ کو ''قصیدہ بردہ'' بھی کہتے ہیں۔ اس قصیدہ کے 58 شعر ہیں۔

آپﷺ کے دنیا سے پردہ فرمانے پر کہے جانے والے بے ساختہ اشعار بھی نعت کی حیثیت رکھتے ہیں۔ نبیﷺ کی حیات مبارکہ میں جن صحابہ کرامؓ نے قصائد مدحیہ تحریر کیے ان میں حضرت عباس بن عبد المطلبؓ، حضرت حمزہؓ بن عبد المطلبؓ، حضرت علیؓ بن ابو طالبؓ، حضرت عبد اللہؓ بن رواحہ، حضرت حسانؓ بن ثابت، حضرت امیہؓ بن سلمۃ السلمیؓ، حضرت قیسؓ بن بحراں سعی، حضرت کعبؓ ابن زبیر اور صحابیات میں حضرت صفیہؓ، حضرت عائشہؓ، حضرت عاتکہؓ، حضرت خنساؓ، حضرت فاطمۃ الزہراؓ وغیرہ قابل ذکر ہیں۔ حضرت بصری نے قصیدہ بردہ شریف لکھا جسے بہت شہرت ملی۔ اس قصیدہ کو بنیاد بنا کر آنے والے زمانے میں عربی فارسی اور اردو نعت گو شعراء نے فن نعت کو شہرت دوام بخشا۔

فارسی میں نعت گوئی کی روایات

عرب شعراء کے بعد ایران میں فارسی میں نعت گوئی کو فروغ ملا۔ سعدی، جامی اور قدسیؒ مشہور فارسی نعت گو شعراء گزرے ہیں۔ بزرگان دین میں امام اعظم ابوحنیفہؒ، غوث اعظمؒ، خواجہ معین الدین چشتیؒ، عطارؒ، شمس تبریزؒ، مولانا رومؒ، بوعلی قلندرؒ، نظام الدین اولیاءؒ اور امیر خسرو نے نعت گوئی کی شاندار روایات کو آگے بڑھایا۔ اردو شاعری کی بہت سی روایات

فارسی سے مستعار ہیں۔ چنانچہ قلبی لگاؤ کے باوجود فنی اعتبار سے اردو میں نعت گوئی کی روایت فارسی کے اثر سے آئی۔

اردو میں نعت گوئی

اردو کی جملہ اصناف سخن میں سب سے زیادہ لطیف و نازک صنف نعت ہے۔

''نعت گوئی شاعری کی سب سے بڑی آزمائش ہے۔ یہ ایک لطیف نازک، پاکیزہ اور پُر سوز صنف سخن ہے۔ یہ ایک دوزانو اور باوضو غزل ہے اس کے لکھنے پڑھنے اور سمجھنے کے لئے دلِ گداختہ کی ضرورت ہے''۔۱۳

نعت کے مفہوم کو اہل خرد کیا سمجھیں گے
نعت تو ایک نغمۂ رنگیں ہے دل کے ساز کا

''عربی کی نعتیہ شاعری جب عرب سے ایران ہوتی ہوئی ہندوستان پہنچی تو مذہب اسلام کے ساتھ نعت گوئی کا دائرہ بھی وسیع ہوتا گیا اور نعت گوئی کی نشو ونما اردو زبان ہی کی طرح صوفیائے کرام کے روحانی فیوض و برکات کے زیر سایہ ہوئی''۔۱۴

دکن میں نعت گوئی کا آغاز

''دکن میں اردو کی اولین نعت فخر دین نظامی نے کہی۔ جو اُن کی مثنوی ''کدم راؤ پدم راؤ'' میں ہے۔ یہ بہمنی دور کی شہرہ آفاق تصنیف ہے جسے اردو کی ابتدائی اور قدیم تر تصنیف ہونے کا اعزاز حاصل ہے۔ اس کا زمانۂ تصنیف ۱۴۳۵ء کے درمیان قیاس کیا جاتا ہے۔ آغاز

کتاب میں مثنوی کے فارم میں ایک نعت قلمبند کی گئی ہے۔جس سے دو اشعار بطور نمونہ پیش کیئے جارہے ہیں۔

محمد بڑا ارا وت جگ تھا
کہ شجرا چرن رائے جگ مگ تھا

نبی یار سے پائے تھے جھار جھار
بچارن نبی کرم کرتے بچار ۱۵؎

اشرف بیابانی نے ۹۰۹ ہجری میں مثنوی ''نوسرہار'' لکھی جس میں نعت کے ''۱۲۱'' اشعار ہیں۔اسی طرح ۹۸۶ ہجری میں خوب محمد چشتی نے گجراتی میں نعتیہ اشعار کہے:
اُنکا ایک شعر اسطرح ہے:

مثل محمد ہوئے نہ کوئی
سب اُسکی تفصیل سو ہوئے

اردو کی دکنی شاعری میں مثنوی نگاری کو فروغ ملا تھا اور سب ہی مثنوی نگاروں نے یہ روایت قائم کی تھی کہ مثنوی کے آغاز پر حمدیہ اور نعتیہ اشعار کہے جائیں۔چنانچہ دکن کی اکثر مثنویوں میں نعتیہ اشعار ملتے ہیں۔قلی قطب شاہ اور وجہی کے کلام میں نعتیہ اشعار پائے جاتے ہیں۔وجہی اپنی مثنوی قطب مشتری میں نعتیہ اشعار اس طرح کہتا ہے:

محمدؐ نبی ناؤں تیرا ہے عرش کے اوپر ناؤں تیرا ہے
است ہزار ایک لاکھ پیغمبر آئے دے مرتبہ کوئی تیرا نہ پائے

اُس زمانے میں نعتیہ اشعار مثنوی یا قصیدہ کے انداز میں کہے جاتے تھے۔

سلطنت گولکنڈہ کا پانچواں بادشاہ اور جدید تحقیق کے مطابق اردو کا پہلا صاحب دیوان شاعر محمد قلی قطب شاہ وہ دکن کا پہلا شاعر ہے جس نے نعت گوئی کو غزل کی ہیئت میں

پیش کیا۔ اس کی زبان سادہ اور سلیس ہے اور جذبات میں ڈوبی ہوئی ہے۔محمد قلی نے اپنی غزلوں میں جا بجا نعتیہ اشعار کہے ہیں۔ نبی ﷺ کی تعریف میں وہ کہتا ہے کہ:

اسم محمد تھے وے جگ میں خاقانی مجھے

بندۂ نبی کا جسم وے سہتی ہے سلطانی مجھے

بیجاپور کے مشہور شاعر نصرتیؔ نے اپنی مثنوی ''علی نامہ'' میں نعتیہ اشعار پیش کئے۔ اُس کی زبان میں شفافیت کا اظہار ہوتا ہے۔نصرتیؔ کہتاہیکہ:

تمہیں اے شہنشاہ دنیا و دیں

شجاعت کی بے وصف کا کرسی نشیں

اس دور میں شعراء نے مختلف عنوانات جیسے معراج نامے، چکی نامے، وفات نامے وغیرہ میں نعتیہ اشعار کہے۔

اردو زبان مسلمانوں کی نہیں بلکہ ہندوستانیوں کی زبان تھی۔ زبان کا مزاج دیکھ کر ہندو کیا مسلمان سب ہی اردو شعر کہتے تھے۔ مسلمان شعراء کی نعت گوئی سے متاثر ہو کر ہندو شعراء نے بھی بصد عقیدت نعتیں کہی ہیں۔ لکشمی نارائن اورنگ آبادی اردو کے پہلے ہندو شاعر ہیں جنھوں نے نبی ﷺ کی نعت کہی ہے۔ ایک نعت میں واقعۂ معراج کا ذکر کرتے ہوئے وہ کہتے ہیں کہ:

عجائب رات تھی وہ نور افشاں

کہ ہر کوکب تھی ایک مہر درخشاں

اس دور کے ایک شاعر میر محمد باقر آگاہ نے نعتیہ مثنوی ''راحتِ جام'' کے نام سے لکھی اس مثنوی کے مطالعہ سے پتہ چلتا ہے کہ دکن میں اردو زبان نکھر رہی تھی۔

بہترین ذکر و طاعت اے پسر

ہے نبی کا ذکر ہر شام و سحر

اردو شاعری میں سب ہی اصناف سخن میں نعت گوئی ملتی ہے۔لیکن غزل کی ہیئت میں نعت کو مقبولیت ملی۔ اس کی وجہ یہ ہوسکتی ہے کہ غزل میں جس طرح محبوب کی تعریف آسانی سے کی جاتی ہے اُسی طرح نعت میں محبوب حقیقی حضرت محمد مصطفیٰ ﷺ کی تعریف ہوتی ہے۔ اس لئے غزل کے فارم میں نعت کو مقبولیت ملی۔نعت کے ایک مشہور شاعر کرامت علی شہیدی ہیں جنھوں نے نعت کو دل کی عمیق کیفیتوں کے ساتھ سوز و گداز میں پیش کیا۔ اپنی ایک نعت میں انھوں نے ایک آرزو کی تھی جو لفظ بہ لفظ پوری ہوئی۔ کرامت علی شہیدی کا اپنی آرزوئے شعر اس طرح ہے:

تمنا ہے درختوں پر ترے روضہ پر جا بیٹھے
قفس جس وقت ٹوٹے طائر روح مقید کا

شمالی ہند میں نعت گوئی کا آغاز

شمالی ہند میں نعت گوئی کا آغاز بھی اُردو غزل کی طرح ولؔی کی شمال میں آمد سے ہوتا ہے۔اس ضمن میں گلشن کھنہ لکھتے ہیں:

> ''شمالی ہند میں اردو شاعری کا باضابطہ آغاز ولی اورنگ آبادی کی آمد کے بعد ہوتا ہے۔مگر شمالی ہند میں اردو کی باضابطہ نعتیہ شاعری کا ابتدائی نمونہ مرزا محمد رفیع سوؔدا کی شاعری میں ملتا ہے۔اردو کے نامور شاعر میر تقی میؔر نے بھی نعت جیسی نازک ترین صنف کو بڑی خوبی سے برتا اور بڑے خوبصورت اور معیاری اشعار کہے مگر مرزا غالب اور مومن کے عہد میں اردو کی نعتیہ شاعری کو خاصی پذیرائی حاصل

ہوئی''۔ ۱۷

مومن نے غزل اور قصیدے کے فارم میں نعت کے بڑے اچھے اچھے شعر کہے۔ مضمون آفرینی و خیال بندی، نادر الفاظ و تراکیب اور تشبیہات و استعارات کا برمحل اور خوبصورت استعمال ان کے فنی لوازمات اور جولانیٔ طبع کی غمازی کرتے ہیں۔ مومنؔ کے ایک قطعہ کے چند اشعار ملاحظہ فرمائیں۔

اگر کہے مدد دے یا محمدؐ عربی
قیصر مرگ ہو رستم نعرہ اسکوس
مخالفوں کو ترے دو جہاں جہنم ہے
کرتاب مہر سے جلے رہیں ہیں یاں بھی محسوس

اس زمانے میں اردو کی نعتیہ شاعری روایتی اقدار اور اظہار سے نکل کر باضابطہ صنف سخن کی جانب گامزن دکھائی دینے لگی تھی۔ نعت کے خدوخال روشن ہونے لگے تھے اور نئے نئے جذبے نئے نئے جلوے اور نئی آب و تاب کے ساتھ سب شعرائے کرام نے اس فن کو پختگی بخشی اور ادبی تاریخ میں نعت گوئی نے اپنی حیثیت کو تسلیم کروایا اور اپنے وجود کے احساس جمالیات سے شاعروں کے فکر و شعور کو تابندگی بخشی۔ اس دور کے اہم شعراء میں غلام امام شہید، کرامت علی خاں شہیدیؒ، محسن کاکوروی، امیر مینائی، داغ دہلوی، مجروح صہبائی، رمزاور رحیم کے بعد مولانا الطاف حسین حالی، مولانا احمد رضا خاں، حسرت موہانی، اقبالؔ، ظفر علی خاں، مولانا محمد علی جوہر نے اردو نعت کو بڑی اہمیت و افادیت بخشی اور اس کے دامن کو وسعت آشنا کیا۔ خاص طور پر محسن کاکوروی نے نعت کو ایک مکمل صنف سخن کے طور پر پیش کیا۔ انھوں نے فن نعت کو نکھارنے اور سنوارنے میں اپنی زندگی بسر کی ۱۶ سال کی عمر میں ''گلدستۂ رحمت'' کے نام سے پہلا نعتیہ قصیدہ پیش کیا۔ اُن کا ایک مشہور لامیہ قصیدہ کا ایک شعر اس طرح ہے:

سمت کاشی سے چلا جانب متھرا بادل

محسن کاکوروی نے اپنے قصیدہ میں مقامی رنگوں اور علامتوں کو استعمال کیا اور نعت گوئی کے فن میں نئی روایت کی بنیاد ڈالی۔ اردو میں نعت گوئی کو فروغ دینے میں محسن کاکوروی کے بعد امیر مینائی کا نام اہم ہے۔ انھوں نے نعت کو صرف محاسن نبوت تک محدود نہیں رکھا بلکہ اُسے مسلمانوں کے عروج و زوال کے دردمندانہ بیان کے ساتھ ضم کر کے اس طرح پیش کیا کہ غم جاناں غم دوراں بن جاتا ہے۔ حالؔی نے اپنی مسدس میں نعتیہ اشعار کہے اور حضور ﷺ کی تعریف کے سلسلے کو سادگی، سلاست اور روانی عطا کی۔ حالؔی پر مقصدی شاعری کا اثر غالب تھا۔ انھوں نے ایک طرف شاعری میں حقیقت نگاری پر زور دیا تو دوسری طرف شاعری میں مبالغہ آرائی سے پرہیز کرنے کی تلقین کی۔ اس لئے اُن کی نعتیہ شاعری میں جذبات کا اثر کم دکھائی دیتا ہے۔ حالؔی کے بعد اقبالؔ نے اپنی پیامیہ شاعری کے ذریعہ مسلمانوں کو خواب غفلت سے جگانے کی کوشش کی انھوں نے ''یثرب'' سے اُٹھے نور کے عشق کا بیان کیا۔ اقبال کا کلام قرآن وحدیث کی تفسیر ہے۔ انھوں نے مردمومن کو عشق حقیقی اختیار کرنے کی تلقین کی۔

اقبالؔ کے بعد مولانا ظفرعلی خاں ایک ایسے شاعر ہیں جو ایک سچے مسلمان اور سچے عاشق رسول تھے اُن کی نعتوں میں فکر کی بلندی الفاظ کا دبدبہ اور عشق کا سوز موجود ہے۔ انھوں نے اپنی نعتوں میں تاریخ اسلام کے واقعات اور سیرت النبی کے مختلف پہلوؤں کو اُجاگر کیا۔

فن نعت کے افق پر مولانا احمد رضا خاں کو خاص مقام حاصل ہے۔ انھوں نے عشق رسول ﷺ میں ڈوب کر بے شمار نعتیں کہیں۔ اُن کی نعتیں آج بھی بے حد مقبول ہیں اور عشاقان رسول انھیں پڑھ کر حضور ﷺ سے اپنی اٹوٹ وابستگی کا اظہار کرتے ہیں۔ حفیظ جالندھری کی نظم ''شاہ نامہ اسلام'' میں حضور ﷺ کی تعریف پر مبنی اشعار ملتے ہیں۔ اردو میں نعت گوئی کے سفر پر

تبصرہ کرتے ہوئے گلشن کھنہ لکھتے ہیں:

"اگر ہم سلطان محمد قلی قطب شاہ سے کرامت علی خاں شہیدی تک دور اول مان لیں اور محسن کاکوروی سے بیدم وارثی تک دور دوم تو تیسرے دور کے لئے عزیز لکھنوی، ضیاء القادری، حفیظ جالندھری، بہزاد لکھنوی، اختر شیرانی، مولانا ماہر القادری، عرش ملیسانی اور حمید صدیقی جیسے شعراء کے نام لئے جاسکتے ہیں۔ ان تمام شعراء میں سے کچھ تو انیسویں صدی کے اختتام تک اور کچھ بیسویں صدی کے پہلے دہے میں ہوش سنبھال چکے تھے اور آزادی کا پرچم لہرانے تک ان کی شاعرانہ عظمت بامِ عروج پر تھی۔ ان حضرات کے ہاں نعت نگاری کے آداب اور ضابطے کا فکری نظام انتہائی منضبط نظر آتا ہے اور موضوعاتی اور ہیتی ہر دو اعتبار سے اس فن میں وسعت پیدا کرنے کی بھرپور کوشش ملتی ہے"۔ ۱۸

عصر حاضر کے مشہور نعت گو شعراء میں عبدالعزیز خالد، نازش پرتاب گڑھی، ڈاکٹر مناظر عاشق ہرگانوی، ڈاکٹر فراز حامدی، ابراہیم اشک، بیکل اتساہی، سید معراج جامی، ڈاکٹر سیفی سرونجی، حیدر قریشی اور ساحر شیوی وغیرہ ایسے شعراء ہیں جنھوں نے غزلوں اور نظموں کی جہاں خوب آبیاری کی وہیں نعت پاک کی محفلوں کو بھی عشق و عرفان کی روشنی سے منور کردیا۔

عبدالعزیز خالد دور جدید کے صاحب اسلوب نعت گو شاعر ہیں۔ انھوں نے اپنی نعتوں میں تاریخی روایات کو تلمیحات کے ساتھ پیش کیا۔ انھوں نے نعت کو رسم کے بجائے مدعا بنا کر پیش کیا۔

امجد حیدرآبادی، اسیر بدایونی، اکبر واسع وغیرہ بھی عصر جدید کے مشہور نعت گو شعراء میں سے ہیں۔

اردو کے غیر مسلم نعت گو شعرا نے بھی اچھی نعتیں کہی ہیں۔اس ضمن میں گلشن کھنہ لکھتے ہیں:

''اردو میں مسلم شعراء کے علاوہ غیر مسلم شعراء نے بھی نعت گوئی کی اہمیت و افادیت کو سمجھا اور اس میں طبع آزمائی کی۔ان غیر مسلم شعراء میں تلوک چند محروم، آنند زرائن ملا، پروفیسر جگن ناتھ آزاد، نریش کمار شاد، عرش ملسیانی، رانا بھگوان داس، لکشمی نرائن، شفیق، پنڈت دیا شنکر نسیم، عزت سنگھ عیش دہلوی، سندر داس شگفتہ لکھنوی، سرور جہاں آبادی، کالکا پرشاد، ہوشیار پوری، سکھ دیو پرشاد بسمل الہ آبادی اور کالیداس گپتا رضا کے نام بطور خاص لئے جا سکتے ہیں۔[19]

کالیداس گپتا کی نعتیہ رباعی اس طرح ہے:

جو شعر کہا اب طہارت سے کہا
جی جان سے، احترام وعزت سے کہا
ہے قابل درگزر غلط بھی میرا
جو کچھ بھی کہا میں نے محبت سے کہا

اسی طرح پروفیسر جگن ناتھ آزاد کی ایک نظم ''ولادت رسول اکرم ﷺ'' کے دو نعتیہ اشعار اس طرح ہیں:

غرض دنیا میں چاروں سمت اندھیرا ہی اندھیرا تھا
نشانِ نور گم تھا اور ظلمت کا بسیرا تھا

کہ دنیائے عرب کے آسماں پر ایک نور اُبھرا

جہانِ کفر و باطل میں صداقت کا ظہور اُبھرا

اس طرح ہم کہہ سکتے ہیں کہ مسلم شعراء کے علاوہ غیر مسلم شعراء نے بھی نعت پاک کی اہمیت کو مانا اور اس میں اپنی طبع آزمائی کر کے عشق محمدی ﷺ سے اپنے قلوب کو منور کر لیا۔

فن نعت گوئی کے آغاز وارتقاء کا اجمالی جائزہ

دور جدید میں نعت گوئی کے فن کو نعت خوانی سے بھی بہت مقبولیت ملی۔ منتخب شعراء کے نعتیہ کلام کو خوش الحان نعت خواں پڑھتے ہوئے لوگوں کے دلوں میں نعت کی عظمت اور صاحب نعت حضرت محمد مصطفیٰ صلی اللہ علیہ وسلم کی عظمت کو پیدا کر رہے ہیں۔ ادھر چند سال سے برصغیر اور عالم اسلام میں حضور ﷺ کی ولادت باسعادت کے مہینے ربیع الاول میں میلاد النبی ﷺ کے عنوان سے محافل نعت کا انعقاد عمل میں لایا جا رہا ہے جہاں خوش الحان نعت خواں نعتیں پڑھتے ہوئے عشق محمدی ﷺ کا سماں باندھ رہے ہیں۔ پاکستان کے ٹی وی چینل Qtv نے نعت خوانی کو بہت مقبول بنایا۔ اویس رضا قادری، قاری وحید الظفر ، ام حبیبہ اور نوجوان خوش الحان نعت خوانوں نے نئی نسل کے دلوں میں نعت گوئی و نعت خوانی کی رغبت بڑھائی، نعت خوانی کے فروغ کا ایک مقصد نئی نسل کو فلمی گیتوں، گانوں اور ڈسکو کلچر سے ہٹا کر نعت خوانی کی طرف راغب کرنا بھی قرار پایا۔

ہندوستان میں Etv اردو پر مقدس اسلامی مہینوں میں قدیم اور جدید شعراء نعتیہ کلام پیش کرتے ہیں اور ہندوستان کے بڑے شہروں دہلی، حیدرآباد، لکھنو، ممبئی، علی گڑھ، بنگلور، پونے، یوپی، اورنگ آباد وغیرہ میں نعتیہ مجلسوں کا اہتمام سے انعقاد عمل میں آتا ہے۔ حیدرآباد میں بعض بزرگانِ دین نے شعراء کو نعت گوئی کی ترغیب دلائی اور نعتیہ محفلیں منعقد کرتے ہوئے نعت گوئی کو فروغ دیا۔ حضرت جمیل الدین شرفی حیدرآباد کے ایسے بزرگ نعت گو شاعر

ہیں جنھوں نے شعراء کے نعتیہ کلام کو مرتب و مدون کرنے میں تعاون کیا۔ اور محافل نعت کا انعقاد کیا۔ ان کے نعت گو شاگردوں میں ڈاکٹر غیاث عارف، سردار سلیم، سلیم عابدی وغیرہ قابل ذکر ہیں۔ ضیاء عرفان حسامی، طیب پاشاہ قادری وغیرہ نئی نسل کے اُبھرتے نعت گو شعراء ہیں۔ طیب پاشاہ قادری کے والد بے ہوشؔ محبوب نگری مشہور نعت گو شاعر تھے جنھیں نعت کہنے اور نعت پڑھنے کا کمال حاصل تھا۔ اُن کی نعت گوئی کے جائزے پر مبنی یہ تحقیقی کتاب بعنوان ''بے ہوشؔ محبوب نگری بحیثیت نعت گو شاعر'' پیش کی جارہی ہے۔

حیدرآباد کی جامعات عثمانیہ یونیورسٹی، یونیورسٹی آف حیدرآباد، مولانا آزاد نیشنل اردو یونیورسٹی میں بھی نعت گوئی کے فن اور منتخب نعت گو شعراء کے کلام کے تجزیے پر مبنی تحقیقی کام سے بھی نعت گوئی اپنے ارتقاء منازل طے کررہی ہے۔ اس طرح یہ بات ظاہر ہوتی ہے کہ جس طرح دین اسلام اور پیغمبر اسلام حضرت محمد مصطفیٰ ﷺ کا اسم گرامی، قیامت تک ادب واحترام کے ساتھ لیا جاتا رہے گا اسی طرح آپ ﷺ کی نعت گوئی کا سلسلہ بھی جاری وساری رہے گا اور بندگانِ خدا نعت گوئی کے ذریعہ آپ صلی اللہ علیہ وسلم کے فیض کے طلبگار رہیں گے۔ اردو نعت گوئی میں مردوں کے ساتھ خواتین نے بھی حصہ لے کر اپنا حق ادا کیا۔ حیدرآباد میں تہنیت النساء تہنیت زور اہلیہ ڈاکٹر محی الدین قادری زور نے اپنی شاعری میں صرف نعتیں ہی کہی ہیں۔ اُن کی نعتوں کے تین مجموعے شائع ہوچکے ہیں۔ تہنیت زورؔ کے علاوہ سیدہ اختر اور بانو طاہرہ سعید، حیدرآباد سے تعلق رکھنے والی نعت گو خاتون شاعرات ہیں۔

حواشی

۱۔سیرۃ النبویہ والآثار المحمدیہ: از سید احمد زینبی الشافعی۔ سیرۃ حاشیہ سیرۃ حلبی مطبوعہ مصر ۱۳۲۰ھ ص نمبر ۷

۲۔نشر الطیب فی ذکر النبی الحبیب مولانا اشرف علی تھانوی باب دوم، روایت ۳، بحوالہ صلوٰۃ الاحزان این جوزی سیرۃ النبویہ ص نمبر ۷

۳۔آیت نمبر ۵۶، سورہ الاحزاب، پارہ نمبر ۲۲

۴۔نشر الطیب بحوالہ مشکوٰۃ المصابیح فصل دوم ساتویں روایت

۵۔نشر الطیب بحوالہ مشکوٰۃ ودارمی، سیرت النبویہ ص ۴۹

۶۔مخزن نعت، مرتب اقبال احمد ص نمبر ۴۲

۷۔مخزن نعت، مرتب اقبال احمد ص نمبر ۴۰

۸۔مخزن نعت، مرتب اقبال احمد ص نمبر ۴۱

۹۔مخزن نعت مرتب اقبال احمد ص نمبر ۴۲

۱۰۔رحمۃ اللعلمین، مفتی سلمان منصور پوری جلد دوم ص ۹۴

۱۱۔کلام الملوک، مولانا اشرف علی تھانویؒ ص ۸۱

۱۲۔رحمۃ للعالمین، مفتی سلمان منصوری پوری، جلد دوم ص ۱۱

۱۳۔مخزن نعت، مرتب محمد اقبال احمد، ص نمبر ۲۴

۱۴۔عالمی نعتیہ انتخاب، مرتب اطیب اعجاز ص نمبر ۱۷

۱۵۔عالمی نعتیہ انتخاب، مرتب اطیب اعجاز ص نمبر ۲۷

۱۶۔عالمی نعتیہ انتخاب، مرتب اطیب اعجاز ص نمبر ۷۵

۱۷۔عالمی نعتیہ انتخاب، مرتب اطیب اعجاز، ص نمبر ۷۷

۱۸۔عالمی نعتیہ انخاب، مرتب اطیب اعجاز، ص نمبر ۷۸

۱۹۔عالمی نعتیہ انخاب، مرتب اطیب اعجاز، ص نمب ۷۹

☆ تیسرا باب

بے ہوشؔ محبوب نگری کے حالات زندگی شخصیت اور کارنامے

سرزمین دکن کو اردو کی زمین بھی کہا جاتا ہے۔شہر حیدرآباد فرخندہ بنیاد کو آج سے چار سو سال قبل قطب شاہی فرماں روا محمد قلی قطب شاہ نے بسایا اور خدا کے حضور یہ دعا کی کہ

میرا شہر لوگاں سوں معمور کر
رکھیا جوں توں دریا میں من یا سمیع

خدا نے محمد قلی قطب شاہ کی دعا کو شرف قبولیت بخشا۔اور آج یہ شہر اپنے دامن میں سروں کا سمندر لئے ہوئے ہے۔شہر حیدرآباد ساری دنیا میں اپنی تاریخی عمارتوں چارمینار، مکہ مسجد، قلعہ گولکنڈہ، چومحلہ پیالس، گنگا جمنی تہذیب کے علاوہ اردو کے شہر سے جانا جاتا ہے۔

اردو زبان کا آغاز تو شمالی ہند میں ہوا لیکن اپنے آغاز کے چار پانچ سو سال تک یہ زبان دکن کے علاقے میں پروان چڑھتی رہی۔دکن میں اورنگ زیب کی حکومت کے زوال کے بعد عادل شاہی دور سلطنت، بہمنی سلطنت اور قطب شاہی سلطنت اور بعد میں آصف جاہی دور حکومت میں اردو زبان کو فروغ ہوا۔صوفیاء کرام نے یہاں دین اسلام کی تبلیغ کے لئے اردو کو استعمال کیا۔دکنی اردو کے بعد موجودہ دور کی اردو علاقے میں پروان چڑھتی رہی۔

اس طرح شہر حیدر آباد کی علمی و ادبی سرگرمیوں کا اثر دکن کے دیگر علاقوں میں پڑا اور علاقے تلنگانہ کے اضلاع میں بھی اردو پروان چڑھتی رہی۔

ہر زبان کی طرح اردو میں بھی پہلے شاعری کو فروغ ہوا اور بعد میں نثر نگاری کو شاعری میں ایک طرف جہاں مثنوی، قصیدہ اور غزل کو مقبولیت ملی وہیں مذہبی شاعری جیسے مرثیہ گوئی اور نعت گوئی کو بھی فروغ حاصل ہوا۔ بزرگان دین کی محفلیں اور دیگر مذہبی مجلسیں ذکر واذکار کی نشستیں منعقد ہوتی رہیں اور یہاں نعت گوئی کو بھی مقبولیت ملی۔

حیدر آباد سے ۱۰۰ کیلومیٹر کے فاصلہ پر جنوب میں نیشنل ہائی وے نمبر ۷ (بنگلور روڈ) پر ضلع محبوب نگر واقع ہے۔ محبوب نگر ابتداء سے بزرگان دین کا مسکن اور علم وادب کا گہوارہ رہا ہے۔ یہاں کئی بزرگان دین نے اپنے فیض سے لوگوں کو فیضیاب کیا اور یہیں مدفون ہو گئے۔ جن میں قابل ذکر ''حضرت بعد مار شاہ صاحبؒ''، ''حضرت مردان علی شاہ صاحبؒ''، ''حضرت رؤف بابا مجذوبؒ''، ''حضرت عمر شاہ پہاڑی صاحبؒ''، اور ''حضرت عبدالقادر مجذوب صاحبؒ قابل ذکر ہیں۔

اسی اولیاء اللہ کی سرزمین (محبوب نگر) سے نعت خوانی اور نعت گوئی میں کمال پیدا کرتے ہوئے جس شاعر نے شہرت حاصل کی اُن کا نام محمد عبدالقادر ہے جو اپنے قلمی نام بے ہوشؔ محبوب نگری سے ایک عرصہ تک جنوبی ہند میں نعت گوئی میں اپنا نام روشن کیا۔ ذیل میں اُن کے حالات زندگی پیش کئے جارہے ہیں۔

آباءواجداد

بے ہوشؔ محبوب نگری کے آباءواجداد کا تعلق ضلع محبوب نگر سے تھا۔ اُن کے بزرگوں میں لوگ پیشۂ تجارت اور پیشۂ زراعت سے وابستہ تھے اور تقریباً تمام پابند شریعت اور دینی مزاج کے حامل تھے۔

دادا

بے ہوشؔ محبوب نگری کے دادا سید شاہ اسمٰعیل حسینی قادری الملتانی رحمۃ اللہ علیہ ایک پابند شریعت انسان تھے۔ وہ یومیہ تجارت کر کے اکل حلال سے اپنے اہل وعیال کی کفالت کرتے تھے۔ انھیں شاعری کا شغف تھا، وہ اکثر نعتیہ محفلیں و درود وسلام کی مجلسوں کا انعقاد کرتے تھے۔

والد

بے ہوش محبوب نگری کے والد شیخ محبوب صاحب تھے۔ وہ محبوب نگر کے صدر پوسٹ آفس میں بحیثیت (Sating Master) خطوط علیحدہ کرنے کے منصب پر فائز تھے۔ اُن کی شادی ۱۹۲۰ء میں محبوب نگر کے ہی ایک مشہور ومعروف کپڑے کے تاجر محمد عبدالغفار صاحب کی دختر محی النساء بیگم سے ہوئی جو بہت نیک خاتون تھیں۔ جن کے بطن سے تین اولادیں (دو لڑکے اور ایک لڑکی) تولد ہوئی۔ لڑکوں کے نام محمد عبدالقادر اور شیخ حسین ہیں جبکہ لڑکی قمرالنساء تھیں۔ اس طرح محمد عبدالقادر کے ایک بھائی اور ایک بہن تھیں۔

والدہ

بے ہوش محبوب نگری کی والدہ محی النساء بیگم ایک خدا ترس اور دینی مزاج کی حامل خاتون تھیں۔ وہ گھریلو کام کے وقت سر ڈھانکے ذکر واذکار میں مشغول رہتی تھیں۔ وہ بہت سادگی پسند خاتون تھیں۔ انہوں اپنے بچوں کی تربیت اسلامی نہج پر کی۔ اور وہ ابتداء سے ہی بچوں کو نماز کی پابندی کی تاکید اور مسنون دعاؤں کے اہتمام کی تلقین کرتی تھیں۔ وہ اپنے بچوں کو ہمیشہ خود اعتمادی، خودداری اور ہمدردی کا سبق پڑھایا۔ وہ اپنے تمام بچوں سے مساویانہ سلوک کرتیں تھیں اور سب کو دینی تعلیم کے ساتھ ساتھ دنیاوی تعلیم سے بھی آراستہ کیا۔

پیدائش

شیخ محبوب اور محی النساء کے گھر ۶؍ اکٹوبر ۱۹۲۵ء کو جس لڑکے نے آنکھ کھولی اُس کا نام محمد عبدالقادر رکھا گیا۔ نام سے ظاہر ہوتا ہے کہ یہ نام پیرانِ پیر غوث اعظم دستگیر حضرت عبدالقادر جیلانیؒ کے اسم گرامی کی مناسبت سے رکھا گیا۔ محمد عبدالقادر کی پیدائش محلّہ مومن پورہ ضلع محبوب نگر میں ہوئی۔ محمد عبدالقادر کی تسمیہ خوانی اور بعد میں اُن کی نعت گوئی سے بے پناہ عقیدت کا تجزیہ کرتے ہوئے حیدر آباد کے منفرد لب ولہجہ کے نامور شاعر حضرت اوج یعقوبی لکھتے ہیں کہ:

> ''جب اس مہذب ومرتب شاعر پر شاعری کی تسمیہ خوانی کے دن ہی نامور عالم دین معروف مفسر قرآن مولانا معزالدین ملتانی جیسی اہل نظر و صاحب دل شخصیت کی چھاؤں پڑی ہو۔ نومولود کے کان میں جس عقیدہ کے تحت اذان دی جاتی ہے۔ شاعر کی بسم اللہ کے دن مولانا معز نے غالباً بے ہوشؔ کے کان میں بھی کوئی نعت شریف پڑھ کر پھونکی تھی کہ ''یا رسول اللہ'' ہی ان کا تکیہ کلام بن گیا۔ اور نعت رسول ان کا اوڑھنا بچھونا۔ بے ہوش کے والدین بھی عارف باللہ ہی ہوں گے جنھوں نے پالنے ہی میں اپنے پسر کے تیور دیکھ کر ان کا نام غوث اعظم جیسے ولی بلا فصل کے نام پر محمد عبدالقادر رکھا۔[1]

تعلیم وتربیت اور بچپن کے حالات

محمد عبدالقادر کو بچپن ہی سے دینی ماحول میں تربیت پانے کا موقع ملا۔ اُن کی ابتدائی عربی اور اردو کی تعلیم گھر پر ہوئی۔ جب وہ عہد طفولیت کی منزل کے اختتام کو پہنچنے بھی نہ پائے تھے کہ اُنھیں محبوب نگر کے پالمور وسطانیہ مڈل وہائی اسکول (گورنمنٹ) میں داخل مکتب کروایا گیا۔ جہاں پر انھوں نے منشی (میٹرک) و فاضل تک کی تعلیم حاصل کی۔ اُن کے بچپن کے اساتذہ میں شیخ نجم الدین صاحب مرحوم اور بامسدوس صاحب قابل ذکر ہیں۔ بچپن میں محمد عبدالقادر اکثر اپنے والد کے ساتھ سیر وتفریح کو جایا کرتے تھے اور محافل نعت میں شرکت کرتے تھے۔ اُن کے دوست احباب کا حلقہ کافی وسیع تھا۔ وہ اکثر اپنے دوستوں کے ساتھ محفل شعر میں حصہ لیتے تھے۔

محمد عبدالقادر کو بچپن ہی سے کھیل کود سے دلچسپی تھی اور وہ اپنے دوستوں کے ساتھ فٹ بال اور کرکٹ کھیلا کرتے تھے۔ انھوں نے محبوب نگر کے ہائی اسکول سے ہی میٹرک اور منشی دونوں امتحان کامیاب کئے۔ طالب علمی کے زمانے میں وہ اسکول میں ڈراموں اور بیت بازی کے مقابلوں میں حصہ لیتے رہے۔ اس طرح شاعری سے اُن کا شوق بڑھتا گیا۔ بچپن میں شاعری کے اپنے شوق کا ذکر کرتے ہوئے محمد عبدالقادر (بے ہوش محبوب نگری) لکھتے ہیں کہ:

> ''عالم ہوش کی منزلوں میں ابھی قدم بھی نہ رکھا تھا کہ نعت خوانی کے فطری شوق نے صاحبانِ ذوق کی محفلوں کا مقبول نعت خواں بنادیا۔ ہر محفل نعت میں مسلسل مانگ ہونے لگی۔ مختلف شعراء کے نعتیہ اشعار کا ذخیرہ ذہن کا سرمایہ بننے لگا۔ ناگہاں ایک غیر ارادی اور غیر محسوس تنویر خودگوئی کی

تک بندی کی صورت میں اُبھری۔ اسی بے ربط اور غیر شعوری مدح کی اصلاح کے لئے بعض احباب کی رہنمائی پر پہلے واجد کامل مرحوم بعد میں جناب صبر آغائی کے سامنے زانوئے ادب طے کیا۔ لیکن ایک نامعلوم پیاس ایک اتاہ تشنگی نا بجھی۔ مکرمی عارف بیابانی میرے لئے خضر راہ ثابت ہوئے۔ اور ان کی رہنمائی میں مجھے اپنے استاد محترم اور بعد اذاں اپنے پیر طریقت حضرت مولانا سید معزالدین قادری الملتانی کے فیضان علمی ونظری سے مستفید ہونے کا شرف حاصل ہوا۔'' ۲؎

ملازمت

محمد عبدالقادر نے میٹرک و فاضل تک تعلیم حاصل کی اور اپنے تعلیمی سفر کے اختتام کے بعد چند ایک خانگی ملازمتیں کیں پھر محکمہ پوسٹ میں ان کا تقرر ۱۹۴۶ء میں صدر پوسٹ آفس محبوب نگر پر بحیثیت Post Men کے ہوا اور بعد ترقی ۱۹۶۰ء میں اُن کا تبادلہ حیدرآباد کے جنرل پوسٹ آفس عابد روڈ پر بحیثیت Satting Men خطوط علیحدہ کرنے والے کے طور پر ہوا۔ چنانچہ ملازمت کے سلسلے میں وہ ۱۹۶۰ء میں ہی محبوب نگر سے حیدرآباد منتقل ہو گئے اور اپنی باقی ملازمت حیدرآباد کے اسی جنرل پوسٹ آفس میں گزری۔ اس طرح وہ حیدرآباد کے ہی ہو کر رہ گئے۔

ملازمت اور اُن کے شوق نعت گوئی کے درمیان تعلق جوڑتے ہوئے اوج یعقوبی، بے ہوش محبوب نگری کے پہلے نعتیہ مجموعے ہوش عقیدت کے تعارف میں لکھتے ہیں کہ:

''بے ہوش پیشے کے اعتبار سے محکمہ ٹپہ کے ملازم ہیں۔

رسل وترسیل کی مہارت اس شعبہ میں بھی کام آئی۔ رنگ بے
رنگ، نام بے نام، رجسٹری پارسل جانے کس کس طرح سے
انھوں نے آقائے نامدار ﷺ سے رابطہ پیدا کیا۔ بالآخر
مجموعہ نعت کی صورت میں اب یہ حضور ﷺ کے حضور میں
بذریعہ وی پی بھیج رہے ہیں۔ مرسل کے یقین ہے مرسل الیہ
اس کو ضرور چھڑا لے گا۔ ادھر وی پی کے چھوٹتے ہی ادھر مداح
کے غم و آلام کی تمام زنجیریں ٹوٹ جائیں گی۔[۳۳]

محکمہ ڈاک میں ملازمت کرتے ہوئے محمد عبدالقادر ۱۹۸۳ء کو وظیفہ حسن خدمت پر سبکدوش ہوئے اور سبکدوشی کے بعد وہ مستقل حیدرآباد میں مقیم رہے۔ محبوب نگر سے حیدرآباد منتقلی کے بعد اُن کا قیام محلّہ مغلپورہ (نزد پانی کی ٹانکی) میں رہا۔

شادی و اولاد

محمد عبدالقادر بے ہوش محبوب نگری کی شادی محبوب نگر کے ایک تاجر محمد عبدالکریم صاحب کی دختر داؤد بیگم سے ہوئی۔ اللہ تعالیٰ نے اُنھیں ۶ لڑکے اور ایک لڑکی عطا کی ہے۔ اُن کے بیٹوں کے نام محمد جہانگیر، محمد برہان، محمد وحید پاشاہ قادری، طیب پاشاہ قادری، عبدالستار اور محمد عتیق ہے جبکہ اُن کی ایک لڑکی کا نام شاہ جہاں بیگم ہے۔

محمد عبدالقادر اور اُن کی اہلیہ محترمہ داؤد بیگم نے اپنے بچوں کی تعلیم پر خصوصی توجہ دی۔ یہی وجہ ہے کہ اُن کے بچے دین و دنیا میں آگے بڑھ رہے ہیں۔ اُن کے فرزندوں میں محمد جہانگیر نے دہم تک تعلیم حاصل کی۔ اور وہ تجارت پیشہ سے وابستہ ہیں۔ دوسرے فرزند محمد برہان نے بھی میٹرک تک تعلیم حاصل کی اب وہ دمام سعودی عرب میں ملازمت کر رہے ہیں۔ محمد وحید پاشاہ قادری نے انٹرمیڈیٹ تک تعلیم حاصل کی اور وہ بھی تجارت پیشہ سے

وابستہ ہیں۔محمد عبدالقادر کے چوتھے فرزند طیب پاشاہ قادری کو اعلیٰ تعلیم حاصل کرنے کا موقع ملا۔انھوں نے یونیورسٹی آف حیدرآباد سے اردو میں ڈاکٹریٹ کی ڈگری حاصل کی۔

ڈاکٹر طیب پاشاہ قادری نے اردو پنڈت ٹریننگ بھی کی جس کی بنیاد پر انھوں نے ۱۹۹۷ء D.S.C امتحان میں شرکت کی اور کامیاب ہوئے اور اب وہ بحیثیت اردو پنڈت ایلا ریڈی گوڑہ ہائی اسکول حیدرآباد میں پیشۂ تدریس سے وابستہ ہیں۔ڈاکٹر طیب پاشاہ قادری کو نعت خوانی کی دولت وراثت میں اپنے والد سے ملی اور اب وہ حیدرآباد اور جنوبی ہند کے اُبھرتے خوش الحان نعت خواں ہیں اور نعتیہ مشاعروں کے علاوہ دوردرشن، ای ٹی وی اردو، ساکشی نیوز چیانل و دیگر ٹیلی ویژن چیانلوں پر نعتیہ کلام سنا رہے ہیں۔محمد عبدالقادر کے پانچویں فرزند محمد عبدالستار اور چھوٹے فرزند محمد عتیق نے بھی میٹرک تک تعلیم حاصل کی اور پیشۂ تجارت سے وابستہ ہیں۔اس طرح محمد عبدالقادر کے بچوں نے تعلیم و تجارت کے ساتھ والد کے شوق نعت خوانی کو بھی برقرار رکھا۔

نعت گوئی کا آغاز

جیسا کہ کہا گیا ہے کہ محمد عبدالقادر کو بچپن سے ہی اپنے والد کے ساتھ دینی محفلوں میں شرکت کرنے اور نعتیں سننے کا موقع ملا تھا۔ بعد میں اپنے اساتذہ کی تربیت میں انھوں نے نعت گوئی کے فن کو پروان چڑھایا۔اپنی نعت گوئی کے تجربے کے آغاز کے بارے میں بے ہوش محبوب نگری لکھتے ہیں کہ:

> ’’بیعت کے بعد مجھے درس عرفان میں شرکت کی سعادت نصیب ہوئی۔اور حقیقت صاحب خواب وقوسین کی تجلیوں نے رہا سہا ہوش بھی کُل کی معرفت میں گم کردیا۔اب اگر کوئی مجھ سے پوچھے کہ شعر اور بالخصوص نعتیہ شعر کس طرح

کہا جاتا ہے۔ کیا نعت شریف قید وفکر میں مقید ہوسکتی ہے۔ تو میرا جواب نفی میں ہوگا۔ میرے لئے نعت گوئی کے فیضان کو تسلیم کرنا قطعی تو ہے لیکن اس فیضان کے عرفان کا ہوش نصیب نہیں۔ نہ جانے لفظ و بیان کی کثافت میں وہ لطیف ذات کس طرح آجاتی ہے جس کے بدن سے ٹپکا نگلا جاتا ہو' جس کے بدن کا سایہ نہ ہو'اس کے متعلق یہ کیسے کہا جائے گا کہ اس کی ذات برزخ کبریٰ کی مدح وثناء کی عکاسی حرف و صورت میں ممکن ہوسکتی ہے۔'' ۴

اساتذہ

محمد عبدالقادر نے محبوب نگر کے زمانے قیام سے ہی نعتیہ شاعری کا سلسلہ شروع کر دیا تھا اور رفتہ رفتہ یہ شوق پروان چڑھتا گیا۔ ان کے ابتدائی دور کے اساتذہ کرام میں واجد کامل مرحوم، جناب صبر آغائی اور عارف بیابانی تھے۔ حیدرآباد منتقلی کے بعد جناب عارف بیابانی نے اُن کی ملاقات پیر طریقت حضرت مولانا معزالدین قادری الملتانی سے کرائی جن کے ہاتھ پر انھوں نے بیعت کی اور بیعت کے بعد اُن پر حقائق منکشف ہونے شروع ہوگئے۔

حیدرآباد منتقلی کے بعد بے ہوشؔ محبوب نگری نے ۱۹۶۳ء سے باقاعدہ نعت گوئی کا سلسلہ شروع کیا۔ اور وہ اپنی کہی ہوئی نعتیں مختلف محافل اور نعتیہ مشاعروں میں سنانے لگے۔ نعت گوئی میں مہارت پیدا کرنے کے باوجود انھوں نے اپنے اساتذہ سے اکتساب کا سلسلہ نہیں چھوڑا اور اپنے پیر طریقت حضرت سید شاہ معزالدین قادری الملتانی کے وصال کے بعد حیدرآباد کے ایک اور بزرگ ومحترم شاعر حضرت خواجہ شوقؔ صاحب کے تلامذہ میں شامل

ہو گئے اور نعت گوئی کرنے لگے۔

مشاعروں میں شرکت

حیدرآباد میں قیام اور مختلف محافل میں شرکت کے ساتھ بیہوشؔ محبوب نگری کی نعت خوانی کی مقبولیت بڑھنے لگی اور آہستہ آہستہ وہ ہندوستان سعودی عرب اور دیگر ممالک میں نعتیہ مشاعرے پڑھنے لگے۔ حیدرآباد کی کوئی بھی محفل ایسی نہیں جس میں انھوں نے شرکت نہ کی ہو۔ دارالسلام کے میلادالنبی ﷺ کے نعتیہ مشاعروں میں وہ پابندی سے شرکت کرتے تھے اور قائد ملت سلطان صلاح الدین اویسی مرحوم ان کی بڑی قدر کرتے تھے۔ اس کے علاوہ بنگلور، ممبئی، کولکتہ، مدراس اور دہلی وغیرہ اور ہندوستان کے دیگر شہروں کے علاوہ آندھرا پردیش کے تمام اضلاع میں انھوں نے اپنا کلام سنایا۔ اور اپنے چاہنے والوں کا ایک بڑا حلقہ تیار کرلیا۔

نعت خوانی کا انداز

نعت پڑھنا ایک سعادت کی بات ہے۔ اگر کسی کو اچھا لحن مل جائے تو اُس کے ساتھ عشق نبوی ﷺ میں کوئی ڈوب کر شعر سنائے تو وہ انداز ہی نرالا ہوتا ہے۔ اللہ تعالیٰ نے بے ہوشؔ محبوب نگری کو دلسوز لحن عطا کیا تھا۔ یہی وجہ ہے کہ وہ اپنے مخصوص لحن میں اس طرح نعت سناتے تھے کہ لوگ اُن کے تخلص کی مناسبت سے عشق نبوی ﷺ میں ڈوب کر دنیا سے بے خبر ہوجاتے تھے۔ دنیا سے بے خبر ہوجاتے تھے۔ ان کی نعت خوانی کے بارے میں حیدرآباد کے بزرگ قاضی سید شاہ اعظم علی صوفی قادری لکھتے ہیں:

> ”نعت مصطفیٰ سننے اور سنانے کا شوق بے ہوشؔ کو ہوش سنبھالنے کے زمانے ہی سے حاصل تھا جو پروان چڑھا تو

انھیں نعت خواں سے نعت گو بنا دیا۔ بقول شاعر ابتداء میں واجد کامل مرحوم سے اپنے کلام میں اصلاح کیلئے رجوع ہوئے لیکن بعد میں جب اُنھیں مولانا معز ملتانیؒ اور خواجہ شوق جیسے نامور اساتذہ سخن سے تلمذ اور اکتساب فیض کا موقع ملا تو ان میں سے ایک نے فن شعر گوئی میں بے ہوش پر ہوش عقیدت کا رنگ چڑھایا تو دوسرے نے ہوش عبدیت کا ڈھنگ سکھایا۔ اس کا نتیجہ یہ ہوا کہ بے ہوش کی شاعری دن بدن نکھرتی اور سنورتی گئی۔ اپنے منفرد لب و لہجہ دلکش انداز بیان کے ساتھ مخصوص وپُر کشش ترنم کے سبب وہ خواص وعوام دونوں کے مقبول ومعروف شاعر بن چکے ہیں۔۵

اسی طرح ڈاکٹر سید محمد حمید الدین شرفی بے ہوش محبوب نگری کی نعت خوانی کی خصوصیات بیان کرتے ہوئے لکھتے ہیں کہ:

''نعت گوئی کے ساتھ بے ہوش محبوب نگری کا نعت شریف سنانے کا منفرد گویا لطیف مزید ہے۔ یہ بات بہت کم لوگوں کو نصیب ہوتی ہے۔ وہ اپنے پڑھنے والے سے کہیں زیادہ اپنے سننے والے کو بے حد متاثر کرتے ہیں بلکہ یہ کہا جائے تو بے جا نہ ہوگا کہ وہ سامع کے دل و دماغ پر اپنے مخصوص لہجے اور مترنم انداز سے چھا جاتے ہیں۔ بے ہوش اپنے عہد کے زندہ تابندہ نعت گو شاعر ہیں۔ جن کے کلام اور ترنم کا اثر دیر تک قائم رہے گا وہ محبانِ رسول اکرم صلی اللہ علیہ و

سلم کے اذہان وقلوب میں شاید صدیوں موجود رہیں گے''۔[۶]

تصانیف

بے ہوش محبوب نگری بنیادی طور پر ایک نعت خواں شاعر ہیں اور نعت شریف پڑھنے والا سچا عاشق دنیاوی شہرت کا بھوکا نہیں ہوتا لیکن جب اُن کی مقبولیت مشاعروں کے ذریعہ بڑھنے لگی اور اُن کی کہی ہوئی نعتیں دوسرے لوگ بھی مختلف اسلامی تواریخ، جیسے میلا دالنبیؐ، شب معراج، شب برأت، شب قدر اور دیگر مقدس مواقع پر لوگ پڑھنے لگے اور اپنی بیاضوں میں محفوظ کرنے لگے تو بیہوش محبوب نگری کو بھی احساس ہوا کہ اُن کے کلام کو محفوظ کر دیا جائے چنانچہ اُن کے دو نعتیہ مجموعے۔

۱۔ ہوش عقیدت ۱۹۸۲ء ۔۲۔ ہوش عبدیت ۲۰۰۴ء میں شائع ہو کر مقبول ہوئے۔

زیر طبع تصانیف

دکنی زبان پر مشتمل نعتوں کا مجموعہ ''پھولا نچ پھولاں'' زیر طبع ہے۔ بے ہوش محبوب نگری کا بہت سارا غیر مطبوعہ کلام بھی ہے۔ جس میں دہقانی زبان کی نعتیں، منقبت، سلام، نظمیں اور غزلیں موجود ہیں۔ اُن کا کلام حیدر آباد کے روزناموں رہنمائے دکن، سیاست، منصف اور اعتماد وغیرہ میں شائع ہوتا رہا ہے۔

تصانیف کا تعارف

ذیل میں بے ہوش محبوب نگری کے دو نعتیہ مجموعوں ہوش عقیدت اور ہوش عبدیت کا تعارف پیش کیا جا رہا ہے۔

ہوش عقیدت

بے ہوشؔ محبوب نگری کا پہلا نعتیہ مجموعہ ہوش عقیدت ستمبر ۱۹۸۲ء میں جناب محمد رحیم الدین انصاری معتمد انجمن حسامیہ حیدرآباد کے تعاون سے شائع ہوا۔ اعجاز کمال شیروانی، ڈاکٹر اشرف رفیع اور ابجد صدیقی نے اس مجموعے کی اشاعت پر قطعہ تاریخ لکھے جو بالترتیب اس طرح ہیں:

بیہوشؔ کی نعتوں میں تنویر حقیقت ہے
معروف کی سیرت ہے، تعریف کی صورت ہے
سامانِ سکونِ دل ملتا ہے بشیر اس میں
اس ''ہوش عقیدت'' میں پوشیدہ عقیدت ہے
(بشیر وارثی ۱۹۸۲ء)

دل پرسوز اُلفت کے لئے تسکین وراحت ہے
یہ منزل ہے مقامات نبی کی اور حقیقت ہے
اشاعت کا یہی تو مصرعہ تاریخ ہے اشرف
دلِ مدحِ نبیؐ بے ہوش کا ہوش عقیدت ہے
(ڈاکٹر اشرف رفیع)

ہو گیا ہوشِ عقیدت کا یہ نذرانہ قبول
کیوں نہ ہو بے ہوش پر انوار رحمت کا نزول
عرض کی ابجدؔ نے تاریخ طباعت نعت کی
رشک کے قابل یہ لب بیہوش مداح رسولؐ
(از ابجد صدیقی)

جناب رحیم الدین انصاری نے ہوش عقیدت کے نام سے کتاب کا تعارف لکھا اور بے ہوش محبوب نگری کا تعارف کراتے ہوئے وہ لکھتے ہیں کہ:

''میرے محترم دوست جناب عبدالقادر بے ہوشؔ محبوب نگری، نہ محتاج تعارف ہیں اور نہ ان کا کلام تعریف کا نیازمند! اللہ تبارک وتعالیٰ نے موصوف کو جو مقبولیت عطا کی ہے اور کلام کی جو تاثیر ہے وہ اظہرمن الشّمس ہے۔ اسی قبولیت عامہ نے مجھے اس بات پر مجبور کیا کہ ''انجمن حسامیہ'' کی طرف سے موصوف کے کلام کی اشاعت عمل میں لائی جائے۔ بحمدللہ موصوف کے نعتیہ کلام کا مرقع ''ہوش عقیدت'' بصد عقیدت، عقیدت مندوں کے ہدیۂ نظر ہے۔ اُمید ہے کہ یہ کلام فصاحت مقبول بارگاہ ایزدی و دربارِ رسالت ﷺ ہوگا اور نہ صرف جناب بے ہوشؔ کے لئے بلکہ ناشر اور قاری ہر دو کے لئے بھی خوشنودئ خدا اور رسول ﷺ کا موجب بنے گا۔ ''

بے ہوشؔ محبوب نگری کا پہلا نعتیہ مجموعہ ''ہوش عقیدت'' محمد رحیم الدین انصاری معتمد انجمن حسامیہ کے زیر اہتمام ستمبر ۱۹۸۲ء میں شائع ہوا۔ جس میں اوجؔ یعقوبی (ملک الشعراء آندھرا پردیش) کا لکھا ہوا تعارف اور خود بے ہوش محبوب نگری کا پیش لفظ شامل ہے۔ اس نعتیہ مجموعے میں حمد باری تعالیٰ ۱۳۰ سے زائد نعتیں اور سلام شامل ہیں۔

ہوش عبدیت

بے ہوشؔ محبوب نگری کا دوسرا نعتیہ مجموعہ ہوش عبدیت کے نام سے ۲۰۰۴ء میں حیدرآباد سے

شائع ہوا۔اس کتاب کی اشاعت کے لئے مالی تعاون جناب ابوطالب قاضی محمد انوار اللہ ربانی صاحب نے پیش کیا۔کتاب میں ڈاکٹر سید محمد حمید الدین قادری شرفی کا پیش لفظ اور قاضی سید شاہ اعظم علی صوفی قادری بے ہوشؔ محبوب نگری کے بارے میں لکھا ہوا تعارفی مضمون اور خود بے ہوشؔ محبوب نگری کا اپنے بارے میں لکھا ہوا مختصر اًتعارف بھی شامل ہے۔بے ہوشؔ محبوب نگری نے اپنے اس دوسرے نعتیہ مجموعے کا انتساب اس طرح لکھا ہے۔

> ''میں اپنے اس نعتیہ مجموعے کو اپنے پیر و مرشد عارف باللہ الجلیل مفسر قرآن حضرت مولانا محمد شاہ معز الدین قادری الملتانی رحمۃ اللہ علیہ کے اسم مقدس سے معنون کرنے کی سعادت حاصل کررہا ہوں جن کی نگاہ التفات ہی کا فیضان میری شاعری ہے''۔[8]

ہوش عبدیت نعتیہ مجموعے میں حمد باری تعالیٰ کے علاوہ دوسوتیس 230 نعتیں،سلام،منقبت اور صحابہ کرام کی تعریف میں کہی ہوئی نظمیں رباعیات وغیرہ شامل۔

زیرِ طبع کلام

دکنی شاعری پرمبنی بے ہوشؔ محبوب نگری کی چند متفرق غیر مطبوعہ نعتیں اور غزلیں و نظمیں بھی اُن کے کلام کا حصہ ہیں۔

اُمید ہے کہ ان کے فرزند ڈاکٹر طیب پاشاہ قادری اپنے والد کے غیر مطبوعہ کلام کو ترتیب دے کر زیورطباعت سے آراستہ کریں گے۔

انعامات واعزازات

بے ہوشؔ محبوب نگری ایک اللہ والے صوفی قسم کے نعت گو شاعر تھے۔وہ عقیدت واحترام کے

ساتھ نعت پڑھتے اور نعت لکھتے تھے۔ اُن کی نعت خوانی اور نعت گوئی کا بڑا صلہ یہی ہے کہ اُنھیں نعت کہنے اور پڑھنے کا شرف حاصل ہوا۔ نعت پڑھنے سے اُنھیں شہرت ملی۔ انھوں نے اپنی شاعری یا مجموعے کلام کی اشاعت پر کہیں سے کوئی تمنا یا آرزو نہیں رکھی لیکن نعت گوئی میں اُن کے کمال اور نعت سنانے کے اُن کے مخصوص لحن پر فریفتہ ہو کر انھیں خراج عقیدت پیش کرنے کے لئے مختلف اداروں اور ادبی انجمنوں نے اُنھیں اعزاز و اکرام سے نوازا جن میں انجمن ترقی اردو، بزم حسان اور بزم موسوی وغیرہ قابل ذکر ہیں۔

وظیفہ کے بعد کی مصروفیت

بے ہوشؔ محبوب نگری جنرل پوسٹ آفس عابڈس حیدرآباد سے 1983ء میں سبکدوش ہوئے اور اُس کے بعد وہ اپنا زیادہ تر وقت گھر پر مطالعہ میں گزارتے تھے۔ نعتیہ محفلوں، مشاعروں اور دینی مجلسوں میں شرکت کرنا اُن کی مصروفیت کا اہم حصہ تھا اور اسی مصروفیت کے تحت وہ مختلف علاقوں کا سفر بھی کرتے رہے۔

حج کی سعادت

عاشق رسول ﷺ نعت خواں جناب بے ہوش محبوب نگری کو اللہ تعالیٰ نے حج بیت اللہ و زیارت مدینہ منورہ کی سعادت نصیب فرمائی۔ انھوں نے 1976ء میں اُس وقت حج کیا جبکہ عازمین حج کو پانی کے جہاز کے سفر کرنا پڑتا تھا اور حجاز مقدس تک یہ سفر ایک ہفتہ میں مکمل ہوتا تھا۔

علالت و وفات

بے ہوشؔ محبوب نگری نے 86 سال عمر پائی اور زندگی میں صحت مند رہے۔ اُنھیں کوئی بڑے

اور کہنہ امراض نے متاثر نہیں کیا۔ صرف انتقال سے چند ماہ قبل کمزوری اور ضعیفی کی دیگر بیماریوں میں مبتلا رہے۔ 15 جنوری 2010ء سے اُن کی علالت کا سلسلہ شروع ہوا اور انتقال تک یہ سلسلہ جاری رہا۔ وہ کچھ عرصہ اویسی ہاسپٹل حیدرآباد میں بھی زیر علاج رہے۔ 14 اکٹوبر بروز جمعرات 2010ء کو صبح 11 بجے دن اپنے مکان واقع مغل پورہ میں انھوں نے داعی اجل کو لبیک کہا۔

اس طرح سرزمین محبوب نگر سے اُٹھنے والا اور حیدرآباد کی نعتیہ محفلوں میں اپنی شناخت بنانے والا یہ سچا عاشق رسول ﷺ اپنے متاثر کن لحن اور نعتیہ کلام کو بطور یادگار چھوڑتے ہوئے اپنے مالک حقیقی سے جا ملا۔ بے ہوش محبوب نگری کی نماز جنازہ اُسی دن بعد نماز عصر مکہ مسجد میں ادا کی گئی۔ نماز جنازہ مفتی محمد عظیم الدین نے پڑھائی اور اُن کی تدفین دائرہ سلطان (عقب مسجد معراج نزد چنچل گوڑہ جیل) میں عمل میں آئی۔ نماز جنازہ میں حیدرآباد اور اضلاع سے آئے علماء کرام، مشائخین عظام، ادباء، شعرائے کرام کے علاوہ شائقین نعت کی کثیر تعداد نے شرکت کی اور مرحوم کیلئے دعائے مغفرت کی۔ بے ہوش محبوب نگری کی فاتحہ سیوم 17 اکٹوبر بروز اتوار بعد نماز عصر مسجد ساجدہ بیگم اندرون کمان مغلپورہ میں ہوئی۔

بے ہوش محبوب نگری کی یاد میں حیدرآباد کی ادبی تنظیموں اور نعتیہ حلقوں نے اُنھیں خراج عقیدت پیش کرنے کے لئے تعزیتی اجلاس منعقد کئے اور اُن کی نعت خوانی اور نعت گوئی کو بھرپور خراج عقیدت پیش کیا گیا۔

بے ہوش محبوب نگری کی شخصیت

بے ہوش محبوب نگری نے اپنی زندگی اور شاعری کا آغاز محبوب نگر ضلع سے کیا۔ وہاں اُن کی شخصیت کی تعمیر جس انداز میں ہوئی اس کا خوبصورت انداز میں تجزیہ کرتے ہوئے اوج یعقوبی لکھتے ہیں کہ:

''آندھرا پردیش کے ضلع محبوب نگر کی مٹی پر اللہ کی رحمتیں نازل ہوئیں کہ بے ہوشؔ کا خمیر اسی مٹی سے اُٹھا اور سچ تو یہ ہے کہ بے ہوشؔ نے محبوب نگری کی نسبت اپنے نام کے ساتھ استعمال کر کے محبوب نگر کی زمین کو آسمان بنا دیا۔لیکن اس سچ سے بڑا سچ تو یہ ہے کہ ان کے آبائی خون کی نہریں بطحیٰ کے دربار ہی کے صدقے میں رواں ہیں۔اسی دریا کے پانی کی خوشبو اور اسی دریا کے پانی کا مزہ جس سے سرشت ہمیشہ شاداب رہے اور محبت وعقیدت کی بھوک بڑھتی رہے۔ چنانچہ بے ہوشؔ نہایت ستودہ صفات اور خوش سرشت انسان بھی ہیں اور ان کے خمیر میں وفا، پیار، محبت، عقیدت واخلاص کی خوشبو بھی ہے۔ان کی نظر ہوشیار دل بیدار ضمیر زندہ ہے۔ زندہ ضمیری کو روشن ضمیری سے بدلتے دیر نہیں لگتی۔بس دفتر طیبہ سے دوسطری فرمان کے اجراء کی دیر ہے پھر اس بے ہوشؔ کے حضور میں ہوش مندی کو سلام کرتے ہی رہیں گی'' ۔[1]

ذیل میں بے ہوش محبوب نگری کی شخصیت کے مختلف پہلو بیان کیے جا رہے ہیں۔

حلیہ/سراپا

بے ہوشؔ محبوب نگری اوسط قد کے انسان تھے، رنگ سانولا، باریش ونورانی چہرہ، پیشانی قدرے اُبھری ہوئی، عینک لگائے باوقار شخصیت کے مالک بے ہوش محبوب نگری سچے عاشق رسول ﷺ کے ساتھ ظاہری طور پر بھی ایک مثالی انسان اور مثالی مسلمان تھے۔اُن کی

شخصیت ان کے ظاہر اور باطن دونوں سے یکساں جھلکتی تھی۔ انھوں نے شخصیت اور سراپے کے ذریعہ یہ واضح کر دیا کہ ایک مسلمان کو اپنے اسلامی سراپے کے ساتھ زندگی گزارنا چاہئے تاکہ اُس کا باطن بھی پاک رہے اور ظاہر بھی پاک رہے۔

لباس

بے ہوشؔ محبوب نگری عام دنوں میں کرتا پائجامہ زیب تن کرتے تھے اُنھیں سفید رنگ کا لباس پسند تھا اور اس لباس میں اُن کی شخصیت بڑی باوقار نظر آتی تھی۔ ملازمت کے دوران اور مذہبی محفلوں میں گہرے رنگ کی شیروانی اور اونچی دیوبندی ٹوپی پہنا کرتے تھے اور وہ اپنے لباس سے ایک باوقار انسان نظر آتے تھے۔

غذائی عادات اور پسند و ناپسند

بے ہوشؔ محبوب نگری کا تعلق متوسط گھرانے سے تھا۔ سرکاری ملازمت اور بچوں کی پرورش تعلیم و تربیت نے اُنھیں زمانہ شناس بنادیا تھا۔ چونکہ اُن کی زندگی کا بیشتر حصہ حیدرآباد میں گزرا اور یہاں کی روایتی دعوتوں میں شرکت کا یہ اثر رہا کہ اُنھیں تمام حیدرآبادی کھانے خاص طور سے گوشت اور میٹھا بہت پسند تھے لیکن کھانے میں جو چیز سامنے رہتی اُسے کھا لیے اور کبھی کسی کھانے پر اپنی ناپسندیدگی کا اظہار نہیں فرمایا۔ جو ملا اُس پر قناعت کر لیتے تھے۔ البتہ وہ بریانی اور خوبانی کا میٹھا بہت شوق سے کھاتے تھے۔

مشاغل اور عادتیں

بے ہوشؔ محبوب نگری کو سگریٹ نوشی کی عادت تھی اور وہ کثرت سے سگریٹ پیتے تھے۔ ہوسکتا ہے یہ عادت اُنھیں دوستوں کی صحبت سے پڑی ہو لیکن سگریٹ نوشی کے مضر اثرات اُن کی

صحت پر نہیں پڑے اور انھوں نے ایک صحت مند زندگی گزاری۔ اُنھیں مطالعے کا بہت شوق تھا۔ قرآن کریم کی تلاوت کے علاوہ دینی کتابیں اخبارات و رسائل اُن کے زیرِ مطالعہ رہتی تھیں۔

اہل و عیال سے روابط

بے ہوش محبوب نگری اپنے بیوی کے لئے چاہنے والے و مددگار شوہر، بچوں کے مشفق باپ، اور خاندان کے دیگر رشتہ داروں کے لئے ایک ہمدرد عزیز تھے۔ ملازمت کی مصروفیت اور نعت خوانی و نعت گوئی کے شوق نے اُنھیں اپنی عملی زندگی کی ذمہ داریاں سنبھالنے سے نہیں روکا چنانچہ انھوں نے اپنے بچوں کی اچھی تربیت کی اور انھیں زندگی کی کٹھن راہوں پر سنبھل کر چلنے کا حوصلہ دیا۔

دوست احباب سے روابط

بے ہوش محبوب نگری کا حلقہ احباب کافی وسیع تھا۔ حیدرآباد کے تمام نعت گو شعراء اُن کے رفیق تھے۔ نعتیہ مشاعروں میں وہ اپنے دوستوں سے خلوص کے ساتھ ملتے تھے۔ اُن سے اچھے مراسم رکھتے تھے اور دوست احباب کے لئے اپنے گھر پر ضیافتیں بھی دیا کرتے تھے۔ اُن کے قریبی دوستوں میں حلیم بابر، ڈاکٹر راہی فدائی اور ڈاکٹر رئیس اختر صاحب قابل ذکر ہیں۔

اپنے دوست احباب سے حقیقی دوستی نبھاتے تھے اور ضرورت پڑنے پر اپنے شاعر دوستوں کی بھرپور مدد کرتے اور اپنی حیثیت کے مطابق دست تعاون دراز کرتے۔ اُن کی ملنساری کی اس عادت سے لوگ اُن سے بہت متاثر ہوتے۔ اس لئے وہ ہر شعری حلقے میں پسند کی نگاہ سے دیکھے جاتے۔

مذہبی عقیدہ

بے ہوشؔ محبوب نگری اہلسنت الجماعت حنفی مسلک کے پیرو تھے۔ نماز کی پابندی کرتے تھے اور اسلامی طریقے زندگی پر کاربند رہتے تھے۔ عشق رسول ﷺ میں ڈوب کر انھوں نے اپنی نعت گوئی کے فن کو نکھارا اور اُسے دوسروں کے لئے مثال بنایا۔ مسلکی اعتبار سے وہ شدت پسند نہیں تھے۔ وہ دوسرے مسلک کا احترام کرتے تھے اور خاموشی سے اپنے عقائد پر عمل کرتے تھے۔

زندگی کا پیغام

بے ہوشؔ محبوب نگری نے اپنی حیات اور اپنی نعت گوئی سے لوگوں کو یہ پیغام دیا کہ حضور ﷺ کے اُمتیوں کو سچے عاشق رسول ہونا چاہئے۔ آپ ﷺ کی سنتوں پر عمل پیرا ہونا چاہئے اور مبالغہ آرائی کے بغیر صدق دل سے حضور ﷺ کی مدح سرائی کرنی چاہئے کیونکہ رحمت خداوندی اور دامن رسول ﷺ میں پناہ حاصل کرنا ہی انسانوں کی فلاح و کامیابی ہے۔ اسی پیغام کے ساتھ انھوں نے اپنی زندگی بسر کی۔

حواشی

۱۔اوج یعقوبی ،بحوالہ ہوش عبدیت از بے ہوش محبوب نگر۱۹۸۲ءص نمبر۵

۲۔بے ہوش محبوب نگری۔ بہ حوالہ ہوش عقیدت۔ص۔۱

۳۔اوج یعقوبی ،بحوالہ ہوش عقیدت ،از بے ہوش محبوب نگر۱۹۸۲،ص نمبر۴

۴۔بے ہوش محبوب نگری۔ بہ حوالہ ہوش عقیدت۔ص۔۲

۵۔قاضی سید شاہ اعظم علی صوفی قادری بحوالہ ہوش عقیدت از بے ہوش محبوب نگری ۲۰۰۴ء ص نمبر۲۲

۶۔ڈاکٹر سید محمد حمید الدین قادری شرفی بحوالہ ہوش عبدیت از بے ہوش محبوب نگری ص نمبر۱۶

۷۔محمد رحیم الدین انصاری ،ہوش عقیدت از بے ہوش محبوب نگری ص ۳

۸۔بے ہوش محبوب نگری ،ہوش عبدیت ص نمبر۲۵

۹۔اوج یعقوبی بحوالہ ہوش عقیدت بے ہوش محبوب نگری ص نمبر۵

☆ چوتھا باب

بے ہوشؔ محبوب نگری کے نعتیہ مجموعوں کا تنقیدی جائزہ

ہوش عقیدت

بے ہوشؔ محبوب نگری کا پہلا نعتیہ مجموعہ ''ہوشِ عقیدت'' کے نام سے ستمبر ۱۹۸۲ء میں حیدرآباد سے محمد رحیم الدین انصاری معتمد انجمن حسامیہ حیدرآباد کے زیر اہتمام شائع ہوا۔ ۱۴۶ صفحات پر مشتمل اس نعتیہ مجموعے کا سرورق سلام خوشنویس نے تیار کیا۔ سرورق پر گنبدِ خضرا کی تصویر کے نیچے بے ہوش محبوب نگری کا یہ نعتیہ شعر لکھا گیا ہے:

''دل سے گنبد خضرا جب قریب ہوتا ہے
اُن کی یاد کا لمحہ کچھ عجیب ہوتا ہے

ص نمبر ۷۸ ''ہوش عقیدت''

اس مجموعے کی اشاعت پر مختلف شعراء اور ادیبوں نے مادہ تاریخ رقم کیا ہے۔ اعجاز کمال بشر وارثی اپنے قطعہ تاریخ میں لکھتے ہیں:

''بیہوش کی نعتوں میں تنویر حقیقت ہے
معروف کی سیرت ہے، تعریف کی صورت ہے
سامانِ سکونِ دل ملتا ہے بشر اس میں
اس ''ہوشِ عقیدت'' میں پوشیدہ عقیدت ہے''

۱۹۸۲ء

اسی طرح ڈاکٹر اشرف رفیع نے اس شعری مجموعے کا مادہ تاریخ اس طرح نکالا۔

''دلِ پرسوزِ الفت کے لئے تسکین و راحت ہے
یہ منزل ہے مقاماتِ نبیؐ کی اور حقیقت ہے
اشاعت کا یہی تو مصرعِ تاریخ ہے اشرفؔ
دل مدحِ نبیؐ کے ہوش کا ہوشِ عقیدت ہے''[۲]

۱۴۰۲ھ

ابجد صدیقی کا مادہ تاریخ اس طرح ہے:

''ہو گیا ہوشِ عقیدت کا یہ نذرانہ قبول
کیوں نہ ہو بے ہوشؔ پر انوارِ رحمت کا نزول
عرض کی ابجد نے تاریخ طباعت نعت کی
اشک کے قابل یہ لب، بیہوش مداحِ رسول'' [۳]

۱۴۰۲ھ

بے ہوشؔ محبوب نگری کے پہلے نعتیہ مجموعے ''ہوش عقیدت'' کی اشاعت میں جناب محمد رحیم الدین انصاری حسامی معتمد انجمن حسامیہ حیدر آباد نے تعاون کیا تھا۔

چنانچہ ہوشِ عقیدت کے عنوان سے انھوں نے بے ہوشؔ محبوب نگری اور اُن کے نعتیہ مجموعے کا تعارف کرایا۔ اس ضمن میں وہ لکھتے ہیں کہ:

''میرے محترم دوست جناب عبدالقادر بے ہوشؔ محبوب نگری نہ محتاج تعارف ہیں اور نہ ان کا کلام تعریف کا نیاز مند! اللہ تبارک و تعالیٰ نے موصوف کو جو قبولیت عطا کی ہے اور کلام میں جو تاثیر ہے وہ اظہر من الشمس ہے۔ اسی قبولیت عامہ نے مجھے اس بات پر مجبور کیا کہ ''انجمن حسامیہ''

کی طرف سے موصوف کے کلام کی اشاعت عمل میں لائی جائے۔

بحمد للہ موصوف کے نعتیہ کلام کا مرقع ''ہوشِ عقیدت'' بصد عقیدت، عقیدت مندوں کے ہدیۂ نظر ہے۔ اُمید ہے کہ یہ کلام فصاحت مقبول بارگاہِ ایزدی و دربار رسالت ﷺ ہوگا اور نہ صرف جناب بے ہوشؔ کے لئے بلکہ ناشر اور قاری ہر دو کے لئے بھی خوشنودیٔ خدا و رسول ﷺ کا موجب بنے گا''۔[4]

بے ہوشؔ محبوب نگری نے اپنے اس نعتیہ مجموعے کو اپنے دادا پیر ابوالفضل شاہ سید شاہ اسمٰعیل حسینی قادری کے نام معنون کیا ہے۔ کتاب انتساب اس طرح ہے۔

''میں اپنے اس نعتیہ مجموعے کو اپنے دادا پیر عارف باللہ الجلیل ابوالفضل شاہ سید شاہ اسمٰعیل حسینی قادری الملتانی رحمۃ اللہ علیہ کے اسم مقدس سے معنون کرنے کی سعادت حاصل کر رہا ہوں۔ جن کی نگاہِ التفات ہی کا فیضان میری شاعری ہے۔

نگاہِ فیض نے بے ہوشؔ کو دیا ہے ہوش
وگرنہ کس نے سنا نغمۂ نُطقِ میت سے''[5]

ہوشِ عقیدت نعتیہ مجموعے میں ابتداء میں ''منظور ہے گزارش احوال واقعی'' کے عنوان سے بے ہوشؔ محبوب نگری نے اپنے نعتیہ سفر اور اس کتاب کی اشاعت کے احوال بیان کئے، نعت گوئی کے ضمن میں اپنے جذبات کا اظہار کرتے ہوئے وہ لکھتے ہیں کہ:

''بیعت کے بعد مجھے درسِ عرفان میں شرکت کی سعادت نصیب ہوئی اور حقیقت صاحب قاب قوسین کی تجلیوں نے رہا سہا ہوش بھی کل کی معرفت میں گم کر دیا۔اب اگر کوئی مجھ سے پوچھے کہ شعراء اور بالخصوص نعتیہ شعر کس طرح کہا جاتا ہے۔کیا نعت شریف قید فکر میں مقید ہو سکتی ہے۔تو میرا جواب نفی میں ہوگا۔میرے لئے نعت گوئی کے فیضان کو تسلیم کرنا ہے لیکن اس فیضان کے عرفان کا ہوش نصیب نہیں، نہ جانے لفظ و بیان کی کثافت میں وہ لطیف ذات کس طرح آجاتی ہے جس کے بدن سے ٹپکا نکل جاتا ہو جس کے بدن کا سایہ نہ ہو، اس کے متعلق یہ کیسے کہا جائے گا کہ اس کی ذاتِ برزخ کبریٰ کی مدح و ثناء کی عکاسی حروف و صورت میں ممکن ہوسکتی ہے''۔ ۶

حیدرآباد کے نامور شاعر و ملک الشعراء خطاب یافتہ اوجؔ یعقوبی نے ''بے ہوش کا ہوش نعت گوئی'' کے عنوان سے تعارفی مضمون لکھا ہے۔مضمون کے آغاز پر انھوں نے نعت گوئی کے فن کی تعریف بیان کی ہے۔اس کے بعد بے ہوش محبوب نگری کا مختصر تعارف بیان کیا اور اُن کی نعت گوئی کے فن کو جذباتی انداز میں خراج پیش کرتے ہوئے وہ لکھتے ہیں کہ:

آندھرا پردیش کے ضلع محبوب نگر کی مٹی پر اللہ کی رحمتیں نازل ہوں کہ بے ہوش کا خمیر اسی مٹی سے اُٹھا اور سچ تو یہ ہے کہ بیہوشؔ نے محبوب نگر کی نسبت اپنے نام کے ساتھ استعمال کر کے محبوب نگر کی زمین کو آسمان بنا دیا۔لیکن اس سچ سے بڑا

سچ تو یہ ہے کہ ان کے آبائی خون کی لہریں بطحیٰ کے دریا ہی کے صدقے میں رواں ہیں۔اسی دریا کے پانی کی خوشبو اور اسی دریا کے پانی کا مزہ جس سے سرشت ہمیشہ شاداب رہے اور محبت و عقیدت کی بھوک بڑھتی رہے۔ چنانچہ بے ہوشؔ نہایت ستودہ صفات اور خوش سرشت انسان بھی ہیں اور ان کے خمیر میں وفا، پیار، محبت، عقیدت و اخلاص کی خوشبو بھی ہے۔ان کی نظر ہوشیار، دلِ بیدار، ضمیر زندہ ہے۔زندہ ضمیری کو روشن ضمیری سے بدلتے دیر نہیں لگتی۔بس دفترِ طیبہ سے دو سطری فرمان کے اجراء کی دیر ہے پھر اس بے ہوش کے حضور میں ہوش مندی کو سلام کرتے ہی بنے گی''۔ ے

نعتیہ مجموعہ ''ہوشِ عقیدت'' ایک مختصر نعتیہ مجموعہ ہے۔اس مجموعے میں ''حمد'' کے علاوہ ۱۰۰ نعتیں ہیں۔نعتیہ مجموعے کا آغاز حمد سے ہوتا ہے۔حمد میں شاعر اللہ تعالیٰ کی تعریف بیان کرتا ہے کیونکہ تمام تعریفوں کی لائق ذات وہی ایک وحدہٗ لاشریک ہے۔اس حمد میں بے ہوش محبوب نگری نے اللہ تعالیٰ کی قدرت کی مثالیں پیش کی ہیں اور اس کے ذریعہ خدا کی بڑائی اور قدرت بیان کی ہے۔حمد کے چند منتخب اشعار اس طرح ہیں:

نمودِ شے کے ہے پَن سے عیاں اللہ ہی اللہ ہے
وجودِ کل زمین و آسماں اللہ ہی اللہ ہے
تمیز حق و باطل معرفت کی جان ہے لیکن
یہ رہبر راہِ منزل کارواں اللہ ہی اللہ ہے

وہ مستغنی بھی ہے عالم سے رب العالمین بھی ہے
کفیلِ احتیاجِ انس و جاں اللہ ہی اللہ ہے

ص نمبر۹ ہوش عقیدت

عدم میری حقیقت اور وجود اس ذات کا واجب
تو ہر موجود بے ریب وگماں اللہ ہی اللہ ہے
صفات اُس کے وجود اُس کا شہود اس کا نمود اس کا
تو پھر بے ہوشؔ کے وردِ زباں اللہ ہی اللہ ہے

ص نمبر۶ ہوش عقیدت

نعتیہ مجموعہ ''ہوش عقیدت'' میں شامل پہلی نعت کا مطلع اس طرح ہے:

نور مطلق کا ہو فیضان مدینے والے
ذرّہ ذرّہ پہ ہے احسان مدینے والے

ص نمبر۱۰ ہوشِ عقیدت

اس نعت میں بے ہوش محبوب نگری نے ''مدینے والے'' ردیف کا استعمال کرتے ہوئے نعت کے ممدوح حضرت محمد مصطفیٰ صلی اللہ علیہ وسلم کی صفات بیان کی ہیں کہ آپ ﷺ کا دامن سب کے لئے رحمت ہے۔ آپ ﷺ پر نازل ہونے والا قرآن ساری انسانیت کے لئے دستور حیات ہے۔ آپ ﷺ ایسے شفیق اور مہربان ہیں کہ گنہگاروں سے بھی ہمدردی رکھتے ہیں۔ آپ ﷺ کی محبت تکمیل ایمان کا حصہ ہے۔ چنانچہ لوگوں کو چاہئے کہ وہ آپ ﷺ کی اتباع میں زندگی گزاریں۔ اسطرح اس پہلی نعت میں بے ہوش محبوب نگری نے حضور ﷺ کی ذاتِ اقدس کی خوبیاں بیان کی ہیں۔ نعتیہ مجموعے ہوشِ عقیدت میں شامل دوسری نعت میں بے ہوش محبوب نگری نے واقعۂ معراج کا تذکرہ کرتے ہوئے آپ کی شان ان اشعار میں بیان کی ہے۔

عرش تک گئے آئے پھر بھی گرم ہے بستر
ایک سانس میں گویا طے یہ کل مسافت کی
کس قدر مکمل تھا ہوش لی مع اللہ کا
پا کے قربِ اوادنیٰ آپ نے عبادت کی

ص نمبر ۱۱

نعت کے مقطع میں بے ہوشؔ محبوب نگری مدحِ مصطفےٰ کو عبادت قرار دیتے ہوئے کہتے ہیں کہ

''مدح ہوش کافی ہے تیرے واسطے بے ہوش
مدحِ مصطفےٰ کیا کی تو نے اک عبادت کی''

ص نمبر ۱۱ ہوشِ عقیدت

نعتیہ مجموعہ ہوشِ عقیدت میں شامل چھوٹی بحر کی ایک نعت کا مطلع اس طرح ہے:

جہاں میں نیا انقلاب آ گیا ہے
نبوت کا خود آفتاب آ گیا ہے

ص نمبر ۱۵ ہوشِ عقیدت

بے ہوش محبوب نگری نے یہ نعتیں پڑھنے کے لئے کہی تھیں اس لئے اُن کی نعتوں میں روانی اور ترنم پایا جاتا ہے۔ چھوٹے چھوٹے الفاظ میں انھوں نے مدحتِ رسول ﷺ کا فریضہ بڑی خوبی سے انجام دیا۔ اس نعت کے چند اشعار اس طرح ہیں:

جسے دیکھنے کو ترستے تھے موسیٰؑ
وہی جلوہ اب بے حجاب آ گیا ہے
سیہ پڑ گیا لات وعزیٰ کا چہرہ
وہ لے کر جو حق کی کتاب آ گیا

نہ تھا مثل اس کا دو عالم میں کوئی

وہ آپ اپنا بن کر جواب آ گیا

ص نمبر ۱۵

نعت کا موضوع سراسر عشق کا موضوع ہے اور کسی کی یاد میں ڈوب جانے سے عشق کی کیفیت پیدا ہوتی ہے۔ نعت حضور ﷺ کے عشق کے اظہار کا ذریعہ ہے۔ چنانچہ اپنی ایک نعت میں بے ہوش محبوب نگری نے اسی عشق نبوی ﷺ کا شدتِ جذبات کے ساتھ اظہار کیا ہے۔ نعت کے چند اشعار اس طرح ہیں:

سامنے نور کا دریا نظر آتا ہے مجھے

جلوہ شاہِ مدینہ نظر آتا ہے مجھے

بے گماں آئینہ ذاتِ الٰہی ہیں حضور

اب مدینے میں بھی کعبہ نظر آتا ہے مجھے

جان دے کر بھی لی ہے اگر کسی نے نسبت

پھر بھی سستا ہی یہ سودا نظر آتا ہے مجھے

ص نمبر ۱۸ ہوش عقیدت

حضور کی بعثت کا چرچہ دیگر آسمانی صحائف اور کتابوں میں ملتا ہے۔ اسلام سے قبل سابقہ ادیان میں بھی پیغمبر آخرالزماں کی آمد کی بشارتیں ملتی ہیں۔ چنانچہ آپ ﷺ کی آمد کے ذکر پر مبنی ایک نعت ''ہوشِ عقیدت'' کا حصہ ہے۔ اس نعت کے چند اشعار اس طرح ہیں:

سید الانبیاء آنے والے ہیں

مالک دوسرا آنے والے ہیں

جن کا علم و عمل دین اسلام ہے

وہ رسولِ خدا آنے والے ہیں

ظلمتِ کفر جن کے قدم سے چھٹی

وہ ظہورِ ہدیٰ آنے والے ہیں

ص نمبر ۳۲ ہوش عقیدت

مدینہ منورہ سرزمین عرب کا وہ مبارک حصہ ہے جہاں سرکار دو جہاں ﷺ آرام فرما رہے ہیں۔ دنیا کی سب سے افضل ترین مٹی وہ ہے جو آپ ﷺ کی قبر اطہر سے لگی ہے۔ اسی طرح مدینے کی ہواؤں، مدینے کی فضاؤں اور مدینے کے ذرّہ ذرّہ کو رسول اللہ صلی اللہ علیہ وسلم کی قربت اور نسب کی وجہ سے اہمیت حاصل ہوئی ہے اور اکثر نعت گو شعراء نے نعت کے موضوعات میں شہر مدینہ کا ذکر جذباتی انداز میں کیا ہے۔ بے ہوشؔ محبوب نگری نے اپنی ایک نعت میں مدینہ، ردیف استعمال کرتے ہوئے شہر مدینہ سے اپنی عقیدت کا اظہار کیا ہے۔ اس نعت کے چند اشعار اس طرح ہیں:

نہ پوچھو کہ کیا ہے دیارِ مدینہ

ہے کونینِ پر اختیارِ مدینہ

وہ جنت میں بھی کیا سکوں پا سکے گا

نظر میں ہے جسکی بہارِ مدینہ

پسینہ محمد کا ہے جذب اُس میں

معطر نہ کیوں ہو غبارِ مدینہ

ص نمبر ۳۹ ہوش عقیدت

ہوشِ عقیدت مجموعے میں شامل ایک اور مترنم نعت ہے جس کا مطلع اسطرح ہے۔

اے ذوقِ نظر آج یہ کیا دیکھ رہا ہوں

تا حدِ نظر اُنکی ضیاء دیکھ رہا ہوں

ص نمبر ۵۴ ہوشِ عقیدت

اس نعت میں سیدھے سادھے انداز میں بے ہوشؔ محبوب نگری نے دیکھ رہا ہوں کی ردیف کے ساتھ اپنے جذبات کا اظہار کیا ہے۔نعت میں آپ ﷺ کی اس دنیا میں آمد کے بعد پھیلے نور کے جلوؤں کو دیکھے جانے کا ذکر ہے۔ چنانچہ بے ہوشؔ محبوب نگری کہتے ہیں کہ:

ہر نقش قدم بن گیا اک شمع ہدایت

اس راہ سے یہ کون گیا دیکھ رہا ہوں

بے ہوشؔ ہوں اتنا ابھی ہوش نظر ہے

ہر شئے میں محمدؐ کی ضیاء دیکھ رہا ہوں

ص نمبر ۵۴ ہوشِ عقیدت

بے ہوشؔ محبوب نگری نے اپنی نعتیں غزل کے فارم میں لکھی ہیں۔غزل خود عشق کے اظہار کا ایک ذریعہ ہے۔ جب غزل کے فارم میں نعت کہی جائے تو نعت کا رنگ دوبالا ہوجاتا ہے۔ بے ہوشؔ محبوب نگری نے بھی اپنی نعتوں کو غزل کے فارم میں پیش کرتے ہوئے عشق نبوی ﷺ کے تاثر کو گہرا کردیا ہے۔اُن کی چند نعتیں ایسی ہیں جنھیں پڑھ کر قاری یہ محسوس کرتا ہے کہ اس طرح کے جذبات کو میرے بھی ہیں یہی شاعری کا کمال ہے کہ وہ کہتا خود ہے لیکن اُس کی بات ہزاروں دلوں کی آواز بن جاتی ہے۔

بے ہوش کی ایک ایسی ہی نعت ہے جس میں شاعر نے اپنے علاوہ شمع محمدیؐ کے سینکڑوں پروانوں کو بھی شامل کرلیا ہے۔نعت کے چند منتخب اشعار اس طرح ہیں۔

دل سے جب گنبدِ خضرا قریب ہوتا ہے

اُن کی یا د کا لمحہ کچھ عجیب ہو تا ہے
اُن کا چا ہنے والا کیوں نہ ہو حق کو پیا را
جو حبیب کو چا ہے و ہ حبیب ہو تا ہے
اپنی محویت کا بھی ہوش ہے مجھے بے ہوشؔ
بے خودی کے عالم میں دل نقیب ہوتا ہے

ص نمبر ۸۷ ہوش عقیدت

حضورﷺ کی سیرت کے بے شمار پہلو ہیں۔ آپﷺ کی اس دنیا میں آمد سے پہلے آپﷺ کے معجزات کا ظہور شروع ہو گیا تھا اور آپﷺ بشروں میں اعلیٰ بشر ہیں۔ آپ نے لوگوں کو زندگی گزارنے کے طریقے سکھانے کے لئے خود بھی بہت سے کام کئے۔ آپﷺ نے کبھی دو وقت پیٹ بھر کر کھانا نہیں کھایا، اگر فاقے ہوئے تو پیٹ پر پتھر باندھتے تھے۔ چنانچہ اس واقعہ کی طرف اشارہ کرتے ہوئے بے ہوشؔ اپنی ایک نعت میں کہتے ہیں کہ

و ہ پتھر بند ھا ہے شا ہ د و عالم کے پیٹ پر
ا س شا ن پر یہ ر نگِ فقیر ا نہ حضو ر

ص نمبر ۸۸ ہوشِ عقیدت

حضورﷺ کی زندگی میں چاند اور سورج سے متعلق دو واقعات ہوئے تھے ایک شق قمر کا واقعہ دوسرا ڈوبے ہوئے سورج کے لوٹ آنے کا واقعہ۔ اس جانب اشارہ کرتے ہوئے بے ہوشؔ محبوب نگری کہتے ہیں کہ:

ٹکڑ ے قمر ہوں مہر پلٹ آ ئے حکم پر
یہ بھی ہے ایک جلالتِ شا ہا نہ حضور ص نمبر ۸۸ ہوش عقیدت

حضور ﷺ کی تعریف کبھی ختم نہیں ہوتی۔ اس جانب اشارہ کرتے ہوئے بے

ہوش کہتے ہیں کہ:

وہ لکھ رہے ہیں لوح وقلم اسکے باوجود
تا حشر ختم ہو گا نہ افسانۂ حضور

ص نمبر ۸۸ ہوشِ عقیدت

بے ہوش محبوب نگری نے چھوٹی بحر کی نعتوں کے علاوہ بڑی بحر میں بھی نعت کہی ہیں۔ ایسی ہی ایک نعت کا مطلع اور مقطع اس طرح ہے۔

فخرِ کون ومکاں رونقِ کُن فکاں آپ رحمت ہیں دونوں جہاں کے لئے
آپ ہی سے ہیں روشن زمیں آسماں آپ شمع ہدیٰ ہر مکاں کے لئے
سبز گنبد تجلی کا سر پوش ہے حسن مہر عرب جس میں رو پوش ہے
اک نظر جس نے دیکھا وہ بے ہوش ہے بات مشکل ہے اب بے زباں کے لئے

ص نمبر ۱۰۱ ہوشِ عقیدت

مگر اس طرح کی نعتیں کم ہیں جو بڑی بحر میں کہی گئی ہوں۔ ہوشِ عقیدت مجموعے میں زیادہ تر نعتیں چھوٹی بحر کی ہیں اور وہی نعتیں، مقبول بھی ہوئیں۔ حضور ﷺ کو اکثر نعت گو شعراء نے کملی والے یا کالی کملی والے سے خطاب کیا اور نعت میں اچھے مضامین بیان کئے۔

چنانچہ اس قسم کی ایک نعت میں بے ہوش کہتے ہیں کہ:

میرے کملی والے کی شان ہی نرالی ہے
بعد حق رسولوں میں بس یہ ذات عالی ہے
نورِ ذات مطلق کو کس طرح نظر یاتی
تیرگی کو کم کرنے کالی کملی ڈالی ہے

ص ۱۱۸۔ ہوش عقیدت

اس نعت میں کملی اور ڈالی، جالی، قافیہ استعمال کرتے ہوئے بے ہوشؔ نے اپنے عشقِ نبی کا اظہار کیا ہے۔ بے ہوشؔ محبوب نگری کا یہ پہلا نعتیہ کلام ہے۔اس میں تخلیقی شان کم ہے اور اساتذہ کی تقلید کا اظہار زیادہ ہے۔ بعض نعتوں میں روانی پائی گئی ہے۔

بے ہوشؔ محبوب نگری کا نعتیہ مجموعہ ''ہوش عقیدت'' اُن کا پہلا نعتیہ مجموعہ ہے۔اس میں زبان و بیان، خیالات و جذبات اور عشق کے اظہار میں کمی بیشی ہوسکتی ہے۔ بے ہوشؔ محبوب نگری کی نعت گوئی کی خصوصیات اس مقالے کے اگلے باب میں پیش کی جارہی ہیں۔اس باب میں صرف ''ہوش عقیدت'' سے چند نعتوں کا تعارف پیش کیا گیا ہے۔اس مجموعے پر نظر ڈالنے کے لئے بے ہوشؔ محبوب نگری کی نعتوں کے مطلع اور مقطع پیش کئے جارہے ہیں جس سے اس مجموعے میں شامل منتخبہ نعتوں کا مختصر تعارف ممکن ہوسکتا ہے۔

ذیل میں سلسلہ وار نعتوں کے مطلق اور مقطعے دیئے جارہے ہیں۔

نور مطلق کا ہے فیضان مدینے والے
ذرّے ذرّے پہ ہے احسان مدینے والے
اُن کا دامن ہے ترے ہاتھ میں بیہوشؔ اگر
با خبر تجھ سے ہیں ہر آن مدینے والے

ہوش عقیدت ص نمبر ۱۰

اولین تجلی ہیں آپ شانِ وحدت کی
آخری تمنا ہیں آپ بزمِ کثرت کی
مدحِ ہوش کافی ہے تیرے واسطے بیہوشؔ
مدحِ مصطفےٰ کیا کی تو نے اک عبادت کی

ص نمبر ۱۱ ہوش عقیدت

جہاں میں نیا انقلاب آ گیا ہے
نبوت کا خود آفتاب آ گیا ہے
مسرت کے نشہ سے بے ہوش ہوں میں
اخوت کا جامِ شراب آ گیا ہے

ص نمبر ۱۵ ہوشِ عقیدت

شعاع نورِ منزلیٰ ہیں مصطفےٰ کے قدم
متاعِ عرشِ معلیٰ ہیں مصطفےٰ کے قدم
جو اُن کی دھن میں ہے بے ہوش کامراں ہے وہی
کلیدِ دولت عقبےٰ ہیں مصطفےٰ کے قدم

ص نمبر ۲۲ ہوشِ عقیدت

حمد خدا سب پر برحق ہے
مدحِ محمد ﷺ میرا سبق ہے
بے ہوشؔ ان کو دیکھ نہ پایا
ہوشِ نظر جانے کا خلق ہے

ص نمبر ۲۴ ہوشِ عقیدت

درِ پاک کا ہوں سوالی محمدؐ
نہ جاؤں گا میں ہاتھ خالی محمدؐ
یہ منہ اور تمہاری محبت کا دعویٰ
ہے بے ہوشؔ کی خوش خیالی محمد

ص نمبر ۲۸ ہوشِ عقیدت

سید الانبیاء آنے والے ہیں
مالکِ دوسرا آنے والے ہیں
کیا نکیرین پوچھیں گے بیہوشؔ سے
قبر میں مصطفٰےؐ آنے والے ہیں

ص نمبر ۳۲ ہوشِ عقیدت

نہ پوچھو شانِ محمدؐ کے آستانے کی
جھکی ہوئی ہیں جبینیں یہاں زمانے کی
جب اُن کے رُخ کے تصور میں کھو گیا بے ہوشؔ
تو جگمگائیں فضائیں غریب خانے کی

ص نمبر ۴۰ ہوشِ عقیدت

نورِ مطلق کے رنگیں نظارے کہاں
روئے احمدؐ کہاں چاند تارے کہاں
یاد فرمایئے اپنے بے ہوشؔ کو
ہجر میں زندگانی گزارے کہاں

ص نمبر ۴۳ ہوشِ عقیدت

کونین کی ہستی ہے فیضانِ محمدؐ کا
ہر ذرّے کے سر پر ہے احسان محمدؐ کا
دربار میں جو یہ نعت نبیؐ پڑھ دے
بیہوشؔ وہ کہلائے حسّانِ محمدؐ کا

ص نمبر۴۴ ہوشِ عقیدت

نبیوں میں نبیؐ میرا ذی شان نرالا ہے
اس ذات کا ہر نقشہ ہر آن نرالا ہے
دیدار نہ ہو جب تک، جاں تن سے نہ نکلے گی
بے ہوشؔ محبت کا ایقان نرالا ہے

ہوش عقیدت ص ۵۷

تمہارا حسن نور سرمدی ہے یا رسول اللہ
یہی دونوں جہاں کی زندگی ہے یا رسول اللہ
یہ مانا بے عمل بے ہوش ہے، نسبت تو محکم ہے
نہ بھولو یہ تمہارا اُمتی ہے یا رسول اللہ

ص نمبر ۶۹ ہوشِ عقیدت

پوری زمیں ہے جلوۂ فیضان مصطفٰے
یہ آسماں ہے سایۂ دامانِ مصطفٰے
بے ہوشؔ کا ہوش بھی ان کا کمال ہے
بے خودی میں آج ثنا خوانِ مصطفٰے

ہوشِ عقیدت ۸۳

دیکھنا ہو نبی کو اگر
مانگ لاؤ خدا سے نظر
گر پڑا در پہ بے ہوشؔ میں
ہوشِ نسبت کو ہے تنہا اُدھر

ہوشِ عقدت ص۹۰

عشق میں جو خو دی کو کھو بیٹھے
و ہ نبی سے قر یب ہو بیٹھے
نا ز کیوں کر نہ ہو تمہیں بے ہوشؔ
عشقِ ا حمد میں ہو ش کھو بیٹھے

ص نمبر۹۱ ہوشِ عقیدت

جس کو حضرت سے اُلفت نہیں
ا س قسمت میں جنت نہیں
عشق ا حمد میں بے ہوشؔ ہو ں
ہو ش کی ا ب ضر و ر ت نہیں

ہوش عقیدت ص ۹۷

بے ہوش محبوب نگری کی بڑی بحر کی نعت کا ایک مطلع اور مقطع اس طرح ہے۔

اے اشک ندامت تیرے لئے رحمت کا سہارا کافی ہے
سر کا ر تبسم فر ما دیں بس ا تنا ا شا ر ہ کا فی ہے
کھاتا ہے قسم جسم کی قرآن اس مصحف ناطق کے قرباں
بے ہوش تلاوت کو تیری اس رُخ کا سہارا کافی ہیہوش عقیدت ص ۱۲۰

ہوش عبدیت

بے ہوش محبوب نگری کی نعتوں کا پہلا مجموعہ ہوشِ عقیدت کی اشاعت کے تقریباً ۲۲ بائیس سال بعد اُن کی نعتوں کا دوسرا مجموعہ ''ہوش عبدیت'' کے نام سے ۲۰۰۴ء میں شائع ہوا جو ۲۸۰ صفحات پر مشتمل ہے۔

یہ مجموعہ جناب ابوطالبقاضی محمد انوراللہ ربانی صاحب کے مالی تعاون سے شائع ہوا۔ کتاب کے سرِ ورق پر گنبد خضریٰ کی تصویر کے ساتھ یہ شعر ہے۔

نعت لکھنی ہے حضورﷺ آپ کو کیا کیا لکھوں
پرتو ذات لکھوں ذات کا پردہ لکھوں

ص نمبر ۳۰ ہوش عبدیت

بے ہوش محبوب نگری نے کتاب کا انتساب اپنے پیر کے نام اس طرح کیا ہے۔

''میں اپنے اس نعتیہ مجموعہ کو اپنے پیر ومرشد عارف باللہ الجلیل مفسر قرآن حضرت مولانا محمد شاہ معزالدین قادری الملتانی رحمۃ اللہ علیہ کے اسم مقدس سے معنون کرنے کی سعادت حاصل کر رہا ہوں۔ جن کی نگاہِ التفات ہی کا فیضان میری شاعری ہے''۔[۸]

کتاب کا پیش لفظ حیدرآباد کے ایک صوفی بزرگ ڈاکٹر سید محمد حمید الدین قادری شرفی نے لکھا جس میں انھوں نے نعت کی تعریف اور عشق رسولؐ کی اہمیت اور چنانچہ وہ لکھتے ہیں کہ

''زندگی کا بہترین مشغلہ خیالِ مصطفیٰﷺ میں محویت، حیات کا مقصد حسن مصطفےﷺ کی رعنائیوں کو قلب ونگاہ میں سمیٹ لینا اور جینے کا طریقہ محبت مصطفیٰ صلی اللہ علیہ وسلم میں سرشاری ہے۔ جو ان حقائق کا حاصل ہو جائے تو پھر دارین

میں اس سے بڑا ہوش منداس سے بڑا دانا اوراس سے بڑا صاحبِ نظر کوئی اور نہیں جسے یہ سلیقۂ زیست مل جائے اسے کسی اور چیز کی حاجت نہیں۔ ذکر محمدﷺ سے بڑھ کر کوئی اور نعت نہیں جبکہ فرمایا گیا۔ جسے اللہ تعالیٰ قوتِ گویائی عطا کرے اسے چاہئے کہ وہ اس صلاحیت کو ذکر رسولؐ کے لئے وقف کردے''۔9

یقیناً کسی بھی زبان والے کے لئے اس سے بڑھ کر اور کیا سعادت ہوسکتی ہے کہ اس زبان ذکر و مدحتِ رسول ﷺ میں مشغول و منہمک رہے۔ بلاشبہ جناب بے ہوشؔ محبوب نگری بے پناہ سعادتوں سے بہرہ مند ہیں کہ حیدرآباد اور بیرون حیدرآباد ان کی شناخت اور پہچان مدحت سرائے حبیب کردگار نعت خوانِ رسول مقبولﷺ کی حیثیت سے بن چکی ہے۔ اپنے اس تعارف اور تشخص پر وہ جتنا افتخار کریں کم ہے۔ بے ہوش محبوب نگری کی نعت گوئی کی خصوصیات کا احاطہ کرتے ہوئے ڈاکٹر حمید الدین شرفی لکھتے ہیں کہ ''بے ہوش محبوب نگری کے اشعار اس بات کا احساس دلاتے ہیں کہ وہ فکری، قلبی اور روحانی طور پر دیارِ حبیبﷺ کے پاس ہیں اگرچیکہ ان کا ظاہری تعلق حیدرآباد سے ہے۔ بے ہوشؔ محبوب نگری کے پاس قوتِ اظہار اور سلیقۂ بیان ہے۔ تاہم موضوع کا تقدس کبھی بھی ادب و احترام کے

قرینوں اور حقیقت کے دائروں سے تجاوز کی جرأت نہ دے سکے۔ جو اس صنفِ شریف کا لازمی اُصول ہے۔ انھوں نے شاعرانہ خیال آرائیاں اور لفظی آراستگی کے شوق کے معین حدود سے باہر قدم رکھنے کی جسارت نہ کی۔ یہی سب ہیکہ اُن کا نعتیہ کلام تمام شرایط احتیاط کے ساتھ موضوع کے تقدس و تحریم کا آئینہ دار ہے۔ بے ہوشؔ محبوب نگری کے پاس نعت کے تمام آداب اور اظہار کے سارے سلیقے ملتے ہیں۔ یہی وجہ ہے کہ اُن کے مضامین ممدوح خالقِ دو جہاں کی شان وعظمت کے معین دائروں میں حقائق ومعارف کے انوار سے مزین اور آراستہ دکھائی دیتے ہیں۔۱۰

ہوشِ عبدیت مجموعے میں حیدرآباد کے ایک بزرگ قاضی سید شاہ اعظم علی صوفی قادری نے ''یا خدا دیوانہ باش و با محمدؐ ہوشیار'' کے عنوان سے کتاب کا ایک تعارفی مضمون لکھا جس میں نعت گوئی کی اہمیت وافادیت بیان کرنے کے ساتھ بے ہوشؔ محبوب نگری کی نعت گوئی پر تبصرہ کیا گیا ہے۔ چنانچہ ''بے ہوش محبوب نگری اور ''ہوشِ عبدیت'' عنوان کی تاویل بیان کرتے ہوئے لکھتے ہیں کہ:

بادی النظر میں ہوشِ عقیدت کا ہو کہ عبدیت کا ہوش کی بے ہوشؔ سے نسبت میں کچھ تضاد سا معلوم ہوتا ہے۔ لیکن شاعر کے کلام کا لغائر مطالعہ کرنے کے بعد اُس کی مناسب تاویل یہی کی جاسکتی ہے کہ بے ہوشؔ ہونے کا ایک مفہوم بے خبر ہونا بھی ہے۔ لہذا بے ہوش گویا اپنی دنیا و ماحول سے بے

خبر ہوکر ذاتِ مصطفےٰ پر اپنی نگاہ پوری طرح مرکوز کر دیتے ہیں۔ تاکہ اپنے دامن کو افراط وتفریط سے بچایا جاسکے اور اپنے قلبی واردات اور ایمانی احساسات کا شعر قالب دیتے وقت عشق کی سرشاری کے ساتھ ساتھ، احتیاط و احترام اور ہوشیاری کو حتیٰ المقدور ملحوظ رکھا جاسکے۔ بے ہوشؔ کی شاعری دن بدن نکھرتی اور سنورتی گئی۔ اپنے منفرد لب ولہجہ، دلکش انداز بیان کے ساتھ ساتھ مخصوص وپُرکشش ترنم کے سبب وہ خواص وعوام دونوں کے مقبول ومعروف شاعر بن چکے ہیں۔ اُن کے اشعار میں عقیدت کی پابندگی ومحاورات کے استعمال میں بے ساختگی اور مدحت سرائی میں عمدگی وشائستگی ہر کسی کو متاثر کیے بغیر نہیں رہتی''۔[۱۱]

ہوشِ عبدیت میں تعارف کے عنوان سے بے ہوش محبوب نگری نے اپنے مختصر احوال اور کتاب کی اشاعت کے مراحل بیان کیے۔

نعتیہ مجموعہ ہوشِ عبدیت کا آغازِ حمد باری تعالیٰ سے ہوتا ہے۔ حمد میں بے ہوشؔ نے اللہ تعالیٰ کی صفات بیان کرتے ہوئے انسانوں کو اُس کی بڑائی کا اظہار کیا ہے۔ بے ہوشؔ کہتے ہیں کہ:

تو ہی مالک ، تو ہی آقا ، تو ہی رب ، تو ہی احد
سانس لے سکتا نہیں ، اب آدمی تیرے بغیر
تجھ سے جو غافل ہے اُس کو یہ سمجھنا چاہئے
موت سے بدتر ہے اُس کی زندگی تیرے بغیر

ص نمبر ۲۷ ہوشِ عبدیت

بڑی بحر کی ایک اور حمد میں تیری شان جل جلالہ کی ردیف کے ساتھ مترنم الفاظ میں بے ہوش نے خدا تعالیٰ کی حمد بیان کی بے ہوش کہتے ہیں کہ:

تری حمد اور مری زباں تری شان جل جلالہ
ہے عطائے نطق کا امتحان تری شان جل جلالہ
تو مری سمجھ میں نہ آسکا تجھے پا کے خود کو نہ پا سکا
ترا وصل، فصل ہے بے گماں تری شان جل جلالہ

ص ۲۸ ہوشِ عبدیت

اس شعر میں بے ہوش نے تصوف کا مضمون بیان کیا ہے۔ ہوشِ عبدیت مجموعے کی پہلی نعت کا مطلع اس طرح ہے۔

نعت لکھنی ہے حضور آپ کو کیا کیا لکھوں
پرتو ذات لکھوں ذات کا پردہ لکھوں

ص نمبر ۳۰ ہوش عبدیت

ایک سچے عاشقِ رسولؐ کو اپنے محبوب سے اس قدر عشق ہے کہ وہ اپنے ممدوح کے بارے میں کچھ بیان کرنا چاہتا ہے۔ لیکن عشق کے جذبات اس پر اس قدر حاوی ہیں کہ اُسے اپنے زبان و قلم پر قابو نہیں۔ اس نعت میں تشبیہات کو استعمال کرتے ہوئے بے ہوشؔ نے حضور اکرم صلی اللہ علیہ وسلم کو مختلف ناموں جیسے یٰسن، طٰہ وغیرہ سے یاد کیا ہے اور تشبیہات کے طور پر آپ صلی اللہ علیہ وسلم کو ید بیضاء، دمِ عیسیٰ، رُخ زیبا کو قرآن کا پارہ، اپنے دل کو گنبدِ خضرا، جنت کو مدینہ وغیرہ سے یاد کیا۔ بے ہوشؔ محبوب نگری نے اپنی ایک نعت میں الفاظ کے تکرار کے ساتھ ترنم پیدا کرنے کی کوششیں کی ہے۔ ساری نعت میں الفاظ کی تکرار کے ساتھ ترنم پایا جاتا ہے جو پڑھنے اور

سننے میں بھلا لگتا ہے۔اس نعت کے اشعار اس طرح ہیں۔

نو ر محمد ا و ل ا و ل
حسن محمد ا کمل ا کمل
گلشن گلشن جنگل جنگل
عشقِ نبیؐ میں پا گل پا گل
حب نبی گر نہ ہو د ل میں
سا ر ی عبا د ت مہمل مہمل
ا ن کی طلب عا لم کی فطر ت
ہجر میں نا لا ں کو یل کو یل
چشم کر م ہستی عا لم
ا ن کا تبسم پیپل پیپل
جا نب طیبہ قا فلے ا یسے
جیسے ر وا ں ہیں با د ل با د ل
شب کی سیا ہی تپلی تپلی
پر تو گیسو کا جل کا جل
جا ن کا پسینہ عر ش کا جھر نا
جسکی خو شبو صند ل صند ل
بے ہوشؔ ا ن کی د ید کے قا بل
ہو ش و خر د ہیں بیکل بیکل

ص نمبر ۴۶ ہوشِ عبدیت

بے ہوشؔ محبوب نگری نے اپنی نعتوں میں جا بجا حضور اکرم صلی اللہ علیہ وسلم کی ذات بابرکت کی خوبیاں کی ہیں حضور اکرم صلی اللہ علیہ وسلم سراپا نور تھے۔ آپ ﷺ کے جسم اطہر سے نکلنے والا پسینہ مبارک بے انتہا خوشبو دار ہوتا تھا۔ اس بات کی طرف اشارہ کرتے ہوئے لکھتے ہیں کہ:

نبیؐ کے جسم اطہر سے نکل کر
لطافت کیا ہے ٹپکا بولتا ہے
معطر ہیں مدینے کی جو گلیاں
تمہارا ہی پسینہ بولتا ہے

ص نمبر ۴۸ ہوشِ عبدیت

بے ہوشؔ محبوب نگری نے اپنی ایک نعت کی ردیف مٹی مدینے کی اختیار کی ہے اور ساری نعت میں دیار مدینہ کی مٹی سے اظہار عشق کے مختلف جذبات کا اظہار کیا گیا ہے۔ نعت گو شعراء نے اکثر خاک طیبہ مدینہ میں دفن ہونے کی آرزو کا اظہار ہوتا ہے۔

چنانچہ بے ہوش کہتے ہیں کہ

عطا کر دو خدارا یا نبی مٹی مدینے کی
تمنا ہے بنے مٹی میری مدینے کی
مبارک ہو تجھے خلد بریں کی آرزو زاہد
میری قسمت میں ہے لکھی ہوئی مٹی مدینے کی۔ ص نمبر ۵۰

ہوش عبدیت

دین اسلام کی کرنیں مکہ معظّمہ سے پھوٹی تھیں لیکن مدینہ جا کر اُس کا اُجالا ساری دنیا تک پہنچ گیا اور آج بھی سارے عالم کو مدینے سے رشد و ہدایت کی روشنی مل رہی ہے۔ اسے

حضور اکرم صلی اللہ علیہ وسلم کا معجزہ قرار دیتے ہوئے بے ہوش لکھتے ہیں کہ:

میرے سرکار کے قدموں کا یہ اعجاز تو دیکھو
اجالے بانٹتی ہے آج بھی مٹی مدینے کی

ص نمبر ۵۰ ہوش عبدیت

بے ہوشؔ نے اپنی خود کی تخلیق کردہ بحروں کے علاوہ اردو کے نامور شعراء اور اساتذہ کی زمینوں میں بھی نعتیں کہی ہیں۔ حیدر آباد کے نامور شاعر مخدوم محی الدین کی غزل جس کا مطلع ہے

آپ کی یاد آتی رہی رات بھر
چشم نم مسکراتی رہی رات بھر

پر بے ہوشؔ نے ایک خوبصورت نعت کہی ہے اور رات بھر کی ردیف کے استعمال کے ساتھ اپنے جذبات کا اظہار کیا ہے۔ نعت کے چند اشعار اس طرح ہیں:

یاد آقا کی آتی رہی رات بھر
کتنے جلوے دکھاتی رہی رات بھر
آ گئے جا کے عرشِ بریں پر نبی
روشنی جگمگاتی رہی رات بھر
بوئے گیسو سے ہو کر معطر ہوا
اُن کا قصہ سناتی رہی رات بھر

ص نمبر ۵ ہوش عبدیت

حضور اکرم ﷺ کی ذات سراپا رحمت آپ صلی اللہ علیہ وسلم رحمۃ اللعالمین بنا کر مبعوث کیئے گئے تھے۔ یہی وجہ ہے کہ آپ نے اس دنیا کے دور حیات میں سب کو اپنے دامن

رحمت سے مالا مال کیا۔ آپ ﷺ کی صفات کا تذکرہ کرتے ہوئے بے ہوش لکھتے ہیں کہ:

ا نکی تقسیم ر و ز و شب د یکھا
سب کو ملتا ہے بے طلب د یکھا
د شمنو ں کو گلے لگا تے ہیں
ا نکے چہر ے پر کب غضب د یکھا
اُ نکے صد قے میں کا ئنا ت بنی
ہر سبب کا اُ نھیں سبب د یکھا

ص نمبر ا ے ہوشِ عبدیت

حضور اکرم صلی اللہ علیہ وسلم کے فیوض و برکات کا سلسلہ آج بھی جاری ہے اور قیامت تک جاری رہے گا۔ بے ہوش محبوب نگری اپنی ایک نعت میں ''ہے آج بھی'' کی ردیف استعمال کرتے ہوئے آپ صلی اللہ علیہ وسلم کے دامنِ فیض سے جاری رہنے والے مختلف فیوض و برکات کو نعت میں پیش کیا ہے۔ چنانچہ وہ کہتے ہیں کہ:

''حب ر سو ل د ین کی د و لت ہے آ ج بھی
نعمت یہ ز ند گی کی ضر و ر ت ہے آ ج بھی
آ ٹھو ں پہر جو با ر ش ر حمت ہے آ ج بھی
طیبہ کی سر ز مین پہ جنت ہے آ ج بھی
ذ کر خد ا کے سا تھ ہی ذ کر ر سو ل ہے
مر ے حضو رؐ کی یہ فضیلت ہے آ ج بھی
ر و شن ہے خا ک پا ئے نبیؐ سے مر ی جبیں
کس د ر جہ کا م کی مر ی نسبت ہے آ ج بھی

میر ا بھی نا م اُ نکے غلا مو ں میں آ گیا

دنیا کومرے بارے میں حیرت ہے آج بھی ص نمبر۹۱۔

ہوشِ عبدیت

انسان کی سب سے بڑی خواہش ہوتی ہے کہ اُسے اپنے اللہ اور رسولؐ کا دیدار نصیب ہو جائے۔ اللہ کا دیدار جنت میں ہوگا۔ لیکن خوش نصیب ہیں وہ آقا کے امتی جنھیں خواب میں اپنے آقا رسول اللہ ﷺ کا دیدار نصیب ہوتا ہے۔ بے ہوشؔ محبوب نگری آپؐ کا دیدار اور آپ سے وابستہ چیزوں اور مقامات کے دیدار کی آرزو تمنا لئے اپنی ایک نعت میں کہتے ہیں کہ:

جلو ہ مر ے سر کا ر کا ایسا نظر آ ئے

میں بند کر و ں آ نکھ و ہ چہر ہ نظر آ ئے

بے ہو شؔ مکمل تیر ا ہو ش نظر ہے

ہر ذ رّ ے میں و ہ نو رِ سرا پا نظر آ ئے

ص نمبر ۱۲۸ ہوش عبدیت

واقعہ معراج حضور اکرم ﷺ کی سیرت مبارکہ کا ایک روشن باب ہے۔ یہ واقعہ سراپا معجزہ ہے۔ جس کی تصدیق اہل آسمان نے کی۔ اپنی ایک نعت میں واقعہ معراج کے مختلف پہلوؤں کو اُجاگر کرتے ہوئے بے ہوشؔ لکھتے ہیں کہ:

یا دِ طیبہ آ ئی ہے

ز یست جگمگا ئی ہے

بعد حق د و عا لم میں

شا نِ مصطفا ئی ہے

د نیا ا ن کے صد قے میں

نو ر میں نہا ئی ہے

نسبت شہ و ا لا

د ر پہ کھینچ لا ئی ہے

اُ سکو مل گئے آ قا

جس نے لو لگا ئی ہے

خو ب نعت ہے بے ہو شؔ

تو نے جو سنا ئی ہے

ص نمبر ۲۴۷ ہوش عبدیت

اس طرح ہوش عبدیت میں بے ہوشؔ محبوب نگری نے اپنی بے شمار نعتوں کے ذریعہ مدحت رسول صلی اللہ علیہ وسلم کے مختلف پہلوؤں کو مختلف انداز میں اُجاگر کیا ہے۔ اُن کی یہ نعتیں مدح وتعریف کا حسین گلدستہ ہے۔

بے ہوشؔ محبوب نگری کے پہلے نعتیہ مجموعے ''ہوش عقیدت'' سے دوسرے ہفتہ مجموعہ ''ہوشِ عبدیت'' تک اس سفر میں بے ہوشؔ کے انداز بیان اور اسلوب نگارش میں سلاست و روانی آئی ہے۔ ہوشِ عبدیت مجموعے کے آخر میں بے ہوشؔ نے صحابہ کرامؓ کی تعریف میں سلام لکھے ہیں اور قرآن شریف و دیگر موضوعات پر نظمیں لکھا ہیں۔ حضرت صدیق اکبرؓ کی تعریف میں لکھتے ہیں کہ

:

خلافت کی ہے جن کی ابتداء صدیق اکبرؓ ہیں

کہ پہلے جانشین مصطفیٰ صدیق اکبرؓ ہیں

نبیؐ کے نام پر معراج کی تصدیق فرمادی

صداقت کا عروج ومنتہا صدیق اکبرؓ ہیں

نہ بھولے گا زمانہ جرأت بے باک کا منظر

فضائے کفر میں حق کی صدا صدیق اکبرؓ ہیں

ص نمبر۲۶۰ ہوشِ عبدیت

اسلام کے جلیل القدر خلیفۂ دوم حضرت عمر فاروقؓ کی تعریف میں بے ہوش لکھتے ہیں کہ:

ضیائے دین برحق بڑھ گئی فاروق اعظمؓ سے

تمنائے نبیؐ پوری ہوئی فاروق اعظمؓ سے

وہی مومن ہے جو قرآن کے سانچوں میں ڈھل جائے

مسلماں کو ملی یہ آگہی فاروقِ اعظمؓ سے

امیر المومنین لیٹے ہیں خاکِ صحن مسجد پر

زمانہ سیکھ لے یہ سادگی فاروق اعظمؓ سے

ص نمبر۲۶۲ ہوش عبدیت

خلیفہ سوم حضرت عثمان غنی رضی اللہ عنہ کی تعریف میں لکھا گئی۔ نظم میں بے ہوشؔ محبوب نگری حضرت عثمان غنی رضی اللہ عنہ کی شخصیت کے مختلف پہلو بیان کرتے ہوئے کہتے ہیں کہ:

جن سے تھیں منسوب پیغمبر کی صاحبزادیاں

اس لئے مشہور ذی النورین والبرہان ہیں

زندگی میں جن کو جنت کی بشارت دی گئی

عالم اسلام کے وہ منتخب انسان ہیں

انکساری یہ کہ تھا مدنظر حکم رسول

سر بلندی یہ کہ گویا آیت قرآن ہیں

ص نمبر۲۶۳ ہوشِ عبدیت

حضرت علی مرتضی کی شان میں بھی بے ہوشؔ محبوب نگری نے مداحیہ کلام لکھا ہے۔

ہیں علیؓ مرتضٰی باغ ولایت کی بہار

ہے انہی کے ربط سے خاصان حق کا اعتبار

کیا کرے بے ہوشؔ مدحت شاہ مرداں کی کوئی

لافتی الا علی لاسیف الا ذوالفقار

ص۲۶۶ ہوش عبدیت

حضور اکرم صلی اللہ علیہ وسلم نے اپنے کو علم کا شہر اور حضرت علیؓ کو اُس کا دروازہ کہا تھا چنانچہ اس بات کی طرف اشارہ کرتے ہوئے بے ہوشؔ محبوب نگری لکھتے ہیں کہ:

ہے باب علم زباں کنزِ معرفت سینہ

اُٹھے مطابق لوح وقلم علیؓ کے قدم

ص نمبر۲۶۶ ہوش عبدیت

بے ہوشؔ محبوب نگری نے اپنے اس شعری مجموعے میں کعبۃ اللہ شریف، قرآن شریف اور حج بیت اللہ سے متعلق چند ایک نظمیں کہی ہیں۔ اپنی ایک نظم میں انھوں نے کعبۃ اللہ اور ابرہہ کے واقعہ کو بیان کیا ہے۔ ساری نظم اس واقعہ کو مفصل بیان کرتی ہے یا با الفاظ دیگر یہ نظم سورہ فیل کی منظوم تفسیر ہے۔ اس نظم کے اشعار اس طرح ہیں۔

آیا ہے کعبۃ اللہ پہ طوفان دیکھئے

برق غضب گرے گی بیک آن دیکھئے

قرآن میں ہے ابرہہ اشرم کا واقعہ
سورہ الم ترا کا ہے قرآن دیکھئے
انجام سب نے دیکھا ہے اصحابِ فیل کا
تھا غیب سے تباہی کا سامان دیکھئے
گھر والا اپنے گھر کا نگہباں ہے ہر طرح
کیوں ہو رہے ہیں آپ پریشان دیکھئے
رکھو بھروسہ قادر مطلق کی ذات پر
دیکھو گے جب دکھائے گا وہ شان دیکھئے
ہاتھی تباہ فوج ابابیل کر گئی
ہو جائیں گی یہ مشکلیں آسان دیکھئے
بے ہوشؔ ہوش دین کے پرکھنے کو حق کبھی
کرتا ہے آزمائش ایمان دیکھئے

ہوش عبدیت ص نمبر ۲۶۸

حج اسلام کا پانچواں فرض ہے اور اہم اسلامی رکن ہے۔ صاحب استطاعت پر زندگی میں ایک مرتبہ حج فرض ہے۔ لیکن کعبۃ اللہ اور روضۂ اقدس کی زیارت کے عاشقوں کو بعض مرتبہ اکثر بلاوا آتا ہے۔ عشق نبویؐ سے سرشار شاعر عزم حج کے عنوان سے ایک نظم لکھتے ہیں۔ مسدس کی شکل میں لکھی گئی یہ نظم حج کے فلسفۂ کو بیان کرتی ہے نظم منتخبہ اشعار اس طرح ہیں:

حج و کعبہ وصل کی تدبیر ہے
یہ خلوص و جذب کی تفسیر ہے
دید طیبہ خوبیء تقدیر ہے

زندگی کے خواب کی تعبیر ہے
کعبۂ تعمیر خلیل اللہ ہے
طیبہ تنویر رسول اللہ ہے
حج تو ہوگا عرصۂ عرفات میں
جاؤ مزدلفہ منیٰ سے رات میں
ہو جنونِ بندگی ہر بات میں
تلبیہ میں سعی میں میقات میں
بے شعوری ہے یہاں فرزانگی
ہے پسند حق یہاں دیوانگی
کعبہ میں دیوانگی ہے آشکار
ہے الگ لیکن مدینے کا شعار
یاں خموشی ہے وہاں چیخ اور پکار
باخدا دیوانہ ایں جا ہوشیار
ہاں سنبھل کر راہ یہ دشوار ہے
یہ رسول اللہ کا دربار ہے

قرآن کریم کلام الٰہی ہے۔ ساری انسانیت کی رہبری اس کتاب میں پوشیدہ ہے۔ حضور اکرم صلی اللہ علیہ وسلم سے وابستہ ایک عظیم معجزہ ہے۔ اللہ تعالیٰ نے اُس کی حفاظت کی ذمہ داری لی ہے۔ یہ ایسی کتاب ہے جو سینہ بہ سینہ محفوظ ہوتی رہتی ہے اور سینہ بہ سینہ منتقل ہوتی ہے۔ بے ہوش محبوب نگری نے قرآن کریم کے بارے میں اس مجموعے میں چار نظمیں کہی ہیں جس کے منتخب اشعار اس طرح ہیں:

حق کی وہ ضیاء جس نے قلب جگمگا جائے
حق کی وہ صدا جس سے کانپ جائے باطل بھی

کس قدر مؤثر ہے یہ کلام ربانی
کتنے سنگدل سن کر ہو چکے بسمل بھی
بارک اللہ نورِ دل نور بصر قرآن ہے
عالم انسانیت کا چارہ گر قرآن ہے
ص نمبر ۲۷۰ ہوشِ عبدیت
رہ روانِ حق کو منزل کا پتہ دیتا ہے
رہگذر قرآن ہے اور رہبر قرآن ہے
ص ۲۷۵ ہوش عبدیت

نعتیہ مجموعہ ہوشِ عبدیت کا اختتام ایک سلام سے ہوتا ہے۔ سلام ایسی نظم ہے کہ جس میں حضور اکرم صلی اللہ علیہ وسلم پر منظوم طریقے سے صلوٰۃ وسلام پڑھا جاتا ہے۔ بے ہوشؔ کے سلام کے چند اشعار اس طرح ہیں۔

شافع محشر پہ لاکھوں سلام
مالکِ حوض کوثر پہ لاکھوں سلام
ظلمت کفر میں جو درخشاں ہوا
حق کے اس ماہِ انور پہ لاکھوں سلام
رات بھر کی نمازوں سے سوجھے ہیں پاؤں
عبدِ کامل کے پیکر پہ لاکھوں سلام

فکر ا مت میں جو سر بہ سجد ہ ر ہا
ا س علو مر تبت سر پہ لا کھو ں سلا م
شکم ا طہر پہ فا قو ں میں با ند ھا جسے
سنگ کے ا س مقد ر پہ لا کھو ں سلا م

ر ا ہِ حق کا جو تنہا اُ جا لا بنا
ا س چر ا غِ منو ر پہ لا کھو ں سلا م
پڑ ھئے بے ہو ش پیش حبیب خد ا
حق تعا لیٰ کے د لبر پہ لا کھو ں سلا م

ص نمبر ۲۷۹ ہوش عبدیت

حواشی

حواشی

۱۔اعجاز اکمل شیر وارثی - قطعہ تاریخ ۔ بحوالہ ہوش عقیدت از بے ہوش محبوب نگرص ا ۔ستمبر ۱۹۸۲ء

۲۔ڈاکٹر اشرف رفیع ۔ مادہ تاریخ ۔بحوالہ ہوش عبدیت از بے ہوش محبوب نگرص نمبرا

۳۔امجد صدیقی - مادہ تاریخ بحوالہ ہوشِ عبدیت از بے ہوش محبوب نگری ص نمبر۲

۴۔ رحیم الدین انصاری - ہوش عقیدت تعارف بحوالہ ہوش عقیدت تعارف بحوالہ ہوش عقیدت از بے ہوش محبوب نگری ص نمبر۳

۵۔ بے ہوش محبوب نگری ۔انتساب ہوش عقیدت از بے ہوش محبوب نگری

۶ ۔ بے ہوش محبوب نگری -تعارفی مضمون مشمولہ ہوشِ عقیدت ص نمبر۳

۷۔اوج یعقوبی-مضمون بے ہوش کا ہوش نعت گوئی --بحوالہ ہوش عقیدت ص نمبر۵

۸۔ بے ہوش محبوب نگری -انتساب ۔بحوالہ ہوش عبدیت ۲۰۰۴ء ص نمبر ۲۵

۹۔ڈاکٹر سید محمد حمید الدین شرفی قادری - پیش لفظ بحوالہ ہوش عبدیت ۲۰۰۴ء ص نمبر۱۴

۱۰۔ڈاکٹر سید محمد حمید الدین شرفی قادری - پیش لفظ بحوالہ ہوش عبدیت ۲۰۰۴ء ص ۱۵

۱۱۔قاضی سید شاہ اعظم علی صوفی قادری تعارفی مضمون مشمولہ ہوش عبدیت ص نمبر۲۱

☆ پانچواں باب

بے ہوشؔ محبوب نگری کی نعت گوئی کا اجمالی وفنی جائزہ

بے ہوشؔ محبوب نگری سرزمین دکن کے ممتاز ثناء خواں گزرے ہیں۔ گزشتہ باب میں اُن کے دو نعتیہ مجموعوں ''ہوش عقیدت'' اور ہوش عبدیت کا انفرادی طور پر تنقیدی جائزہ پیش کیا گیا تھا۔ تحقیقی مقالے کے اس باب میں بے ہوشؔ محبوب نگری کی نعت گوئی کا اجمالی وفنی جائزہ پیش کیا جارہا ہے اور مجموعی طور پر اُن کی نعت گوئی کی خصوصیات بیان کی جارہی ہیں۔ بے ہوشؔ محبوب نگری کو بچپن سے ہی نعت خوانی سے لگاؤ تھا جو آگے چل کر اُنھیں حیدرآباد دکن کا ایک نامور نعت خواں شاعر بنادیا۔ اُن کی نعت گوئی سراپا عشق نبوی ﷺ میں ڈوبی ہوئی تھی اور اُنھوں نے اپنے آپ کو اسی عشق نبوی ﷺ میں ڈوبا ہوا ظاہر کرنے کے لئے اپنا تخلص ''بے ہوشؔ'' رکھا۔ یعنی وہ دنیا و مافیہا سے بے خبر ہو کر سراپا عشق نبوی ﷺ میں ڈوب جاتے ہیں اور اسی عشق کے تحت نعتیہ اشعار کہے ہیں۔ اسی قبیل کے چند اشعار ملاحظہ ہوں:

دنیا کو کیا خبر کہ ہمیں کس سے ربط ہے
نسبت ازل سے رکھتے ہیں خیر البشر سے ہم
اس رہگذر کو چھوڑ کے جائیں گے ہم کہاں
حق آشنا ہوتے ہیں اسی رہگذر سے ہم

بیدار ہے بے ہوشؔ میری ہوشِ عقیدت

امید کرم رحمت عالم سے لگی ہے

۲۵۲ہوشِ عبدیت

عشقِ نبیؐ میں ڈوبے ہوئے شعر ہیں ترے

بے ہوشؔ تیرے بھی ہیں پرستار ہر طرف ص ۱۵۷ہوشِ عبدیت

اس طرح کے اشعار سے پتہ چلتا ہے کہ بے ہوشؔ محبوب نگری حضور اکرم صلی اللہ علیہ وسلم کی تعریف صرف رسمی طور پر نہیں کرتے بلکہ اُنھیں حضورﷺ کی ذات اور صفات سے قلبی تعلق اور لگاؤ تھا۔ یہی وجہ ہے کہ اُنھوں نے اپنی نعتوں میں بڑے اشتیاق سے حضورﷺ کے چہرۂ انور اور سراپا اقدس کی تفصیلات بیان کی۔ اُنھوں نے اپنی نعتوں میں سیرت نگاری کے مختلف پہلو اُجاگر کئے۔ آپﷺ کے معجزات کو بیان کیا۔ مدینے کی گلیاں، مدینے کی مٹی، مدینے کی ہوائیں، گنبدِ خضرا، مسجد نبویﷺ اور شہر مدینہ کے دیگر یادگاروں کو بیان کیا اور آپﷺ سے اپنی وابستگی کے جذبات بیان کئے۔

نعت کے مختلف لوازمات ہیں جیسے عشق رسولﷺ، سراپا رسولﷺ، سیرت نگاری، کردار نگاری، معجزات نبویﷺ، مدینہ کا بیان اور گنبد خضرا وغیرہ۔

بے ہوشؔ محبوب نگری کی نعتوں میں یہ لوازمات ادب و احترام کی پابندی کے ساتھ شدت جذبات کے ساتھ ملتے ہیں۔ ذیل میں ان لوازمات کا بے ہوش محبوب نگری کے نعتیہ کلام سے انتخاب کے ساتھ ذکر کیا جا رہا ہے۔

عشق رسولﷺ

اللہ کی محبت اور عشق رسولﷺ کسی بھی مسلمان کے لئے ایمان کا سب سے بڑا حصہ ہے۔ ایک مسلمان کے ایمان کی تکمیل اسی وقت ہوتی ہے جب وہ اللہ کی وحدانیت کا اقرار

کرے اور حضور ﷺ کی رسالت کو دل و جان سے عزیز رکھے۔ آپ ﷺ کے طریقہء زندگی میں اپنی کامیابی سمجھے اور نبی ﷺ کی بتائی ہوئی سنتوں کا اتباع کرتے ہوئے اطاعت رسول ﷺ کا عملی اظہار کرے۔ عشق رسول ﷺ لوازمات کا بنیادی اور اساسی حصہ ہے۔ کسی بھی مسلمان کی طرح ہر نعت گو شاعر کے لئے ضروری ہے کہ وہ اپنی نعتوں میں عشق رسول ﷺ کے سچے اور حقیقی جذبات کا اظہار کرے۔ چنانچہ بے ہوشؔ محبوب نگری نے بھی مختلف انداز میں عشق رسول ﷺ کو اپنی نعتوں میں پیش کیا ہے۔ بے ہوشؔ محبوب نگری کی آرزو ہے کہ وہ اپنی جان آپ ﷺ پر قربان کر دیں اور ذکر رسول ﷺ میں اپنی زندگی گزار دیں اس لئے وہ کہتے ہیں کہ:

محمدؐ محمدؐ وظیفہ ہے میرا
میری جان کیا جان جاں ہے محمدؐ

ص نمبر ۶۸ ہوشِ عبدیت

ہر مسلمان کی یہ خواہش ہوتی ہے کہ وہ بار بار روضۂ اقدس ﷺ پر حاضری دے اور وہیں اُس کی جان نکل جائے۔ عشق میں ڈوبی ایک نعت میں بے ہوشؔ محبوب نگری اپنے جذبات کا اظہار اس طرح کرتے ہیں کہ:

یا خدا جب بھی مدینے کے سفر پر نکلوں
نام سرکار پہ گھر بار لٹا کر نکلوں
ہیں آنکھوں میں طیبہ کے جب نظارے
نظر میں سماتے ہیں چاند تارے

۲۵۱ ہوشِ عبدیت

ایک اور نعت میں مدینے میں رہنے کی خواہش کا ذکر کرتے ہوئے بے ہوشؔ کہتے ہیں کہ:

مدینے کی شام وسحر مانگ لوں گا

وہیں اپنے بسنے کو گھر مانگ لوں گا

ص ۱۴۴ ہوش عبدیت

میں جنت کے بدلے فضائے مدینہ

ہے کیا میری ہستی مگر مانگ لوں گا

ص نمبر ۱۴۴ ہوشِ عبدیت

بے ہوشؔ محبوب نگری نے مختلف انداز سے مختلف موضوعات بیان کرتے ہوئے عشق نبی ﷺ کا اپنی نعتوں میں اظہار کیا ہے۔ حضور ﷺ کے در اقدس سے دوری کو سزا تصور کرتے ہوئے وہ کہتے ہیں کہ:

لے چل درِ رسول پہ بخت رسا مجھے

دوری کی زندگی ہے مسلسل سزا مجھے

جب سے دل میں گنبد خضریٰ کی روشنی

دنیا کا ہوش ہے نہ خود اپنا پتہ مجھے

ص نمبر ۲۲۳ ہوشِ عبدیت

ذیل میں بے ہوش محبوب نگری کے نعتیہ مجموعوں سے عشق رسول ﷺ کو ظاہر کرتے اشعار پیش ہیں:

میرا ساقی ساقیٔ کوثر

دل میرا عشق کا پیالہ ہے

ص ۱۶ ہوشِ عبدیت

در پاک ہوں سوالی محمدؐ

نہ جاؤں گا میں ہاتھ خالی محمدؐ

ص نمبر ۲۸ ہوشِ عقیدت

یہی میری نظروں کی معراج ہو گی
میں دیکھوں جو روضۂ کی جالی محمد
سبز گنبد کا جو قسمت سے نظارا ہو جائے
مہر و ماہ سے بھی مقدر میرا اونچا ہو جائے

۱۳۱ ص نمبر عقیدت

جستجو میں تیری کیا کہئے کہ کیا ملتا ہے
ڈھونڈتا ہے جو تجھے اُسے خدا ملتا ہے

ص نمبر ۴۶ ہوشِ عقیدت

روز و شب نورِ مجسم پہ نظر رہتی ہے
یادِ آقا کی مرا زادِ سفر رہتی ہے

۱۹۰ ہوش عقیدت

دور ہے اس قدر آپ اپنے سے وہ
جس قدر جس کو قربت محمدؐ سے ہے

۱۰۹ ہوشِ عبدیت

میری سانسوں کی آمد و شہر میں
ذکر شاہِ مدینہ ہر دم ہے

اس طرح بے ہوش محبوب نگری نے اپنی نعتوں میں عشق رسول ؐ کو بیان کیا ہے۔

عظمت رسول ﷺ

عشق رسول صلی اللہ علیہ وسلم کا ایک پہلو یہ بھی ہے کہ نعت گو شاعر آپ ﷺ کی عظمت

وبڑائی کا اظہار کرے۔ چونکہ اللہ تعالیٰ کے بعد دونوں جہاں میں کسی کا مقام ومرتبہ ہے تو وہ آپ ﷺ کی بابرکت ذات سب سے عظمت والی ہے۔ بقول شاعر:

بعد از خدا بزرگ توئی قصہ مختصر

اس کے علاوہ خود خالق کائنات اپنے کلام میں ''لا ترفعوا اذا اصواتکم من فوق صوت النبی'' کہتے ہوئے آپ صلی اللہ علیہ وسلم کی عظمت کو واضح کیا ہے اور اللہ تعالیٰ نے اپنے حبیب ﷺ کے صدقے یہ کائنات بنائی اور اپنے حبیب ﷺ کا ذکر بلند فرمایا اور اپنے بندوں کو یہ حکم دیا کہ وہ بھی آپ ﷺ کی عظمت کا اظہار کریں۔ بے ہوشؔ محبوب نگری نے اپنی دونوں نعتوں کے متفرق اشعار میں آپ ﷺ کی عظمت کو مختلف انداز میں بیان کیا ہے۔ ذیل میں عظمت رسول ﷺ کا اظہار کئے ہوئے چند اشعار پیش کئے جارہے ہیں۔

ذرے سے خورشید تک ہر شئے کی علت آپ ہیں
مرتبت کی حد یہ کہ بعد از خدا ہیں مصطفےٰ

ہوش عقیدت ص نمبر ۱۳

کیا عرض کرے رُتبہ انسان محمدؐ کا
پہنچے نعلین ، سرعرش تو سب پر یہ کھلا

ہوش عقیدت ص نمبر ۴۴

تیری نسبت سے فقط قرب خدا ملتا ہے
وہ محمدؐ جو عالم کے مختار ہیں انبیاء زمانے کے سردار ہیں

ہوشِ عقیدت ص نمبر ۴۶

امام الانبیاء ہو تم تمہارا پوچھنا کیا ہے
تمہارا مقتدی ہر اک نبی ہے یارسول اللہ

ہوش عقیدت ۶۹

اُن کی عظمت کا قیامت میں اُٹھے گا پردہ
ہم تو کیا ان کی رسولوں کو ضرورت ہو جائے

ہوشِ عقیدت ص نمبر ۸۵

ان کی عظمت کا کیا ٹھکانہ ہے
جب فرشتوں کو با ادب دیکھا

ہوش عبدیت ص نمبر ۴۱

وہ عظمت مصطفائیؐ نور کی ہے
کہ رشک طور طیبہ کی گلی ہے

۸۰ ہوشِ عبدیت

محمد مصطفیٰ کی عظمتوں کو کیا بیان کیجئے
کہ ان کے اولیاء کے در کا ہر سلطاں بھکاری ہے

۱۰۴ ہوش عبدیت

کتنا اونچا مرتبہ ہے احمد مختار کا
عرش کی عظمت یہ ہے نقشِ قدم سرکار کا

۱۰۵ ہوش عبدیت

تمہاری عظمتوں کا راز جانے تو خدا جانے
شب معراج حق ہے میزباں اور مہماں تم ہو

۴۵ ہوش عبدیت

ثناء کرتا ہے خود رب محمدؐ شان میں ان کی
خرد والے ابھی مدحت کی ابجد تک نہیں پہنچے
ص ۲۰۱ ہوشِ عبدیت

سراپا نگاری

حضور اکرم صلی اللہ علیہ وسلم سا حسین و جمیل اور خوب رو انسان اس دنیا میں کوئی نہیں پیدا ہوا۔ حسن یوسف کی شہرت اپنی جگہ ہے لیکن جمال محمدی ﷺ کا کیا کہنا۔ اُمت مسلمہ کو حدیث شریف اور سیرت کی کتابوں سے آپ ﷺ کے سراپا سے متعلق باتیں معلوم ہوئیں کہ آپ کا چہرہ کس قدر پُر نور تھا۔ پیشانی مبارک کیسی چوڑی اور چمکدار تھی۔ آنکھیں کیسی خوبصورت تھیں، بال کتنے خوبصورت تھے، آپ ﷺ کا چلنا کیسا تھا، آپ ﷺ کے طرز تکلم انداز غرض آپ ﷺ کی ہر ایک نقل و حرکت کو احادیث اور سیرت کی کتابوں میں بیان کیا گیا ہے۔ اردو کے نعت گو شعراء نے آپ ﷺ کے سراپا کو عشق کی چاشنی اور وفور جذبات کے ساتھ پیش کیا ہے۔ آپ ﷺ کا چہرہ انور اتنا مبارک و روشن تھا کہ چودھویں کے چاند بھی آپ ﷺ کے منور چہرہ کے سامنے ماند پڑ جاتا ہے۔ بے ہوشؔ محبوب نگری نے اپنے کلام میں آپ ﷺ کے اس حُسن و جمال کا جا بجا تذکرہ کیا ہے۔ چنانچہ ذیل میں بے ہوش کے آپ ﷺ کے حسن و جمال کا تذکرہ پر مبنی اشعار پیش ہیں۔

جمال مصطفائی بن گیا رونق دو عالم کی
منور ہو گئے سرکار کے آتے ہی کاشانے
ہوش عبدیت ۲۳۹

حق کے محبوب کو مطلوب زلیخا نہ سمجھ
حسنِ یوسف بھی مشہور ہے مگر کچھ بھی نہیں

تمہارا حسن نورِ سرمدی ہے یا رسول اللہ
یہی دونوں جہاں کی زندگی ہے یا رسول اللہ
نورِ رب شکل میں انسان رسولِ عربی
تمہیں آساں تیری پہچان رسولِ عربی
ہوشِ عقیدت صفحہ نمبر ۶۶

اس حسن سے مکمل کے قرباں دیدار کا ہے سب کو ارماں
عاشق ہے اویس قرنی بھی بن دیکھے محبت کرتے ہیں
ص نمبر ۸۱ ہوشِ عقیدت

چاند سورج کی کیا روشنی
اک جھلک ہے حضورؐ آپ کی
۵۳ ہوشِ عبدیت

میرے نبی کا حسن ہے کس آب و تاب کا
ہے جس کا عکس حسن یہ نورِ آفتاب کا
ص ۱۳۷ ہوشِ عبدیت

آپ ﷺ کی مبارک زلفوں کو خراج پیش کرتے ہوئے بے ہوش کہتے ہیں کہ
چشم بیناء میں ہے ہر آن اُنہی کا جلوہ
زلف عارض کے سوا شام و سحر کچھ بھی نہیں
ہوشِ عقیدت ص نمبر ۶۲

اسی طرح آپ ﷺ کی خوبصورت اور پُر نور آنکھوں کا ذکر کرتے ہوئے بے ہوش کہتے ہیں کہ:

محمد مصطفیٰ کی چشمِ رحمت کا اثر دیکھو
بعزم قتل جو آئے وہی مقتول ہو جائے
ہوشِ عقیدت ص نمبر ۷۷

مدینے کی گلیاں

جب کسی مقام کو کسی بزرگ و برتر شخصیت سے نسبت ہو جائے تو وہ مقام اُس کی مٹی اس کی گلی کوچے اُس کی ہوائیں اُس کے درخت پیڑ، پودے، پہاڑ وغیرہ سب بابرکت ہو جاتے ہیں۔ اس سرزمین پر مدینہ منورہ وہ مقام ہے جس کو اللہ تبارک و تعالیٰ کے بعد سب سے بزرگ و برتر شخصیت حضور اکرم صلی اللہ علیہ وسلم سے نسبت ہے۔ کیونکہ آپ ﷺ نے ہجرت مدینہ کے بعد اپنی بشری زندگی کے ۱۰ سال اسی شہر میں بسر کئے۔ شہر مدینہ سے اسلام کی کرنیں دنیا کے چپے چپے تک پہونچیں۔ اللہ تعالیٰ نے مدینے کو اس لئے عظمت بخشی کہ یہاں پر دنیا کی دوسری بڑی اور مقدس مسجد مسجدِ نبوی ﷺ ہے۔ جس کی تعمیر آپ ﷺ اور آپ ﷺ کے جانثار صحابہؓ نے کی تھی۔ شہر مدینہ کو اسی لحاظ سے اہمیت حاصل ہے کہ یہاں آپ ﷺ اپنے رفقاء کار حضرت ابوبکر صدیقؓ، حضرت عمرؓ اور دیگر صحابہ اور دیگر صحابہؓ کے ساتھ آرام فرما رہے ہیں۔ آپ ﷺ کے روضۂ اقدس پر گنبدِ خضریٰ کی تعمیر ہوئی، یہ وہ گنبد ہے جس کے پُرنور نظاروں سے مسرور ہونے کی آرزو سے ہر سال اقطاع عالم سے لاکھوں مسلمان مدینے کا سفر کرتے ہیں۔ اللہ تعالیٰ نے آپ ﷺ کے روبرو پیش ہونے آداب قرآن و حدیث میں بیان کر دیئے کہ آپ کے روبرو اونچی آواز میں گفتگو نہ کی جائے۔ یہی وجہ ہے کہ شہر مدینہ میں ہر طرف پُرسکون خاموشی ہوتی ہے کہیں شور شرابہ نہیں ہوتا۔ اسی طرح مدینے میں خوشگوار موسم ہوتا ہے۔ مدینے کے باغات میں کھجور کے درخت ہیں جو آپ ﷺ کے زمانے سے آج تک ہرے بھرے ہیں۔ شہر مدینہ منورہ کو جانے کی آرزو اور وہاں کی پرفضا ہواؤں میں سانس لینے

کی آرزو اور آپ ﷺ کے روضہ پر حاضری کی آرزو ہر نعت گو شاعر نے اپنے انداز میں بیان کی ہے۔ بے ہوشؔ محبوب نگری نے بھی اپنی نعتوں میں جا بجا مدینے کی گلیاں، وہاں کی ہواؤں اور خاک مدینہ کا ذکر کیا ہے۔ ذیل میں شہر مدینہ سے متعلق بے ہوشؔ چند اشعار پیش کئے جا رہے ہیں۔

سامنے نور کا دریا نظر آتا ہے مجھے
جلوۂ شاہِ مدینہ نظر آتا ہے مجھے

ص نمبر ۱۸ ہوشِ عقیدت

دن رات اب تصورِ طیبہ میں ڈوب جا
خلدِ بریں ملے بھی تو یہ گلستاں نہ چھوڑ

ص نمبر ۳۰ ہوشِ عقیدت

سگ کوئے مدینہ کی اگر خاکِ قدم ملتی ہے
تو ہم یہ سوچتے بے ہوش بھی تقدیر والا ہے

ہوشِ عقیدت ص نمبر ۴۸

مجھکو جنت میں بھی یاد آئیگی طیبہ کی زمین
گلشنِ رضوان سے بہتر ہے گلستانِ رسول

ہوشِ عقیدت ص نمبر ۶۷

غم فردوس میں ہر متقی ہے یا رسول اللہ
مری جنت مدینے کی گلی ہے یا رسول اللہ

ہوشِ عقیدت

مدینے کی فضاؤں می ہے کیا کیا
حرم کا گوشہ گوشہ بولتا ہے
ہوشِ عبدیت ص نمبر ۴۸
یوسف سے ہزاروں یہاں بک جاتے ہیں اگر
کیا پوچھتے ہو عظمت بازار مدینہ
ص نمبر ۱۳۶ عبدیت
عطا کر دو خدارا یا نبیؐ مہٗ مدینے کی
تمنا ہے بنے مٹی مری مٹی مدینے کی
۵۰ ہوش عبدیت
محسنِ طیبہ سے ہوائیں آرہی ہیں دیکھئے
اپنے دامن میں لئے نکہت رسول اللہ کی
ہوشِ عبدیت
تمہارے آستان کی خاک جن آنکھوں کا سرمہ ہے
اُنہی میں آج نورآ گہی ہے یا رسول اللہ
۶۲ ہوش عقیدت
قسمت سے مرتے میں گز بھر جوز میں پاؤں
گر جائے نگاہوں سے فردوس کی رعنائی
۱۴۱ ہوشِ عبدیت
مدینہ بلالیں تو یہ ہے نوازش
جسے پاس رکھ لیں ولایت بھی ہے ۱۶۵ ہوشِ عبدیت

گنبد خضریٰ

دیگر نعت گو شعراء کی طرح بے ہوشؔ نے بھی روضۂ اقدس پر سایہ فگن سبز گنبد، گنبد خضریٰ کی تصویر کشی، منظر نگاری اور اُس سے متعلق اپنے جذبات کو بیان کیا ہے۔ عاشقان رسول ﷺ کی یہ خواہش ہوتی ہے کہ وہ گنبد خضریٰ کا جی بھر کر نظارے کریں اس سے اپنی آنکھوں ٹھنڈک پہنچائیں۔ گنبد خضریٰ کے سامنے بیٹھ کر آنسو بہائیں اور اپنے عشق کا اظہار کریں۔ بے ہوشؔ محبوب نگری نے اپنے نعتیہ مجموعوں میں گنبد خضریٰ سے متعلق جو اشعار کہے ہیں وہ ذیل میں پیش کئے جا رہے ہیں۔

سبز گنبد کا جو قسمت سے نظارا ہو جائے
مہر و مہ سے بھی مقدر میرا اونچا ہو جائے

ص نمبر ۳۱ ہوشِ عقیدت

بلندی گنبد خضریٰ دو عالم سے ہے اونچی
اگر اونچا ہے کوئی اس وے عرشِ معلیٰ ہے

ہوشِ عقیدت ص ۴۰

دل سے گنبد خضرا جب قریب ہوتا ہے
اُن کی یاد کا لمحہ کچھ عجیب ہوتا ہے

ہوشِ عقیدت ص ۷۸

سبز گنبد آنکھوں میں مستور رہے
عرش اعظم کب نظر سے دور رہے

ص ۵۲ ہوش عقیدت

بلندی گنبد خضریٰ کی خود ہے ایک دلیل اُسکی
مدینے کی زمیں بھی آسمان معلوم ہوتی ہے
۶۴ ہوش عبدیت

گنبد خضریٰ ہے زہر عرش رب العالمین
پر تو نو ر نبوت کا ہے اک نقش حسیں
۲۳۷ ہوشِ عبدیت

نظر میں گنبد خضری کی جب تصویر پھرتی ہے
تصور میں میرے اک نور کی تنویر پھرتی ہے
ص۔۲۱۶۔ ہوش عبدیت

مکہ معظّمہ

جس طرح بے ہوشؔ محبوب نگری نے اپنی نعتوں میں مدینے اوراس کی گلیوں کا ذکر کیا ہے اسی طرح بعض نعتوں میں مکہ معظّمہ اور مدینہ منورہ کا عشق کے جذبے کے ساتھ ذکر کیا ہے۔ذیل میں وہ اشعار پیش کیئے جارہے ہیں جس میں مکہ معظّمہ کا ذکر کیا گیا ہے۔

مدینہ طالب حق کا ہے کعبہ مقصد
یہی سرنگ ہے عرش بریں جانے کی
ص۔۴۰۔ ہوش عقیدت

واقعہ معراج کا ذکر

حضور اکرمﷺ کی ذات با برکت سراپا اعجاز ہے۔ اللہ تعالی نے دیگر انبیاء اور رسولوں کو چند ایک معجزات عطا فرمائے ۔ لیکن آپﷺ کو بے شمار معجزات مرحمت

فرمائے۔ آپ ﷺ کی دنیا میں آمد سے پہلے ان معجزات کا سلسلہ شروع ہو گیا تھا۔ اور قرآن کی شکل میں آپ ﷺ کے دنیا سے پردہ فرما جانے کے بعد یہ معجزہ قیامت تک جاری رہے گا۔ اور ایمان والوں کی قلبی تسکین کا باعث ہو گا۔ آپ ﷺ کی کتاب زندگی میں واقعہ معراج ایک روشن باب ہے۔ سورہ بنی اسرائیل میں اللہ تعالی نے اس واقعہ کو اسریٰ کے واقعہ سے ذکر فرمایا ہے۔ چنانچہ ارشاد ربانی ہے کہ سبحان الذی اسری بعبدہ لیلا من المسجد الحرام الی المسجد الاقصیٰ ۔الذی بارکنا حولہ لنریہ من آیاتنا انہہ ہوالسمیع البصیر۔

ترجمہ۔ ''پاک ذات ہے جو لے گیا اپنے بندے کو راتوں رات مسجد حرام سے مسجد اقصی تک جس کو گھیر رکھا ہے ہماری برکت نے تا کہ دکھلائیں اس کو کچھ اپنی قدرت کے نمونے وہی ہے سننے والا دیکھنے والا''۔ اس طرح آپ ﷺ کو واقعہ معراج کے موقع پر پہلے مکہ سے بیت المقدس لے جایا گیا۔ اس سفر کو اسریٰ کہتے ہیں۔ آپ ﷺ نے بیت المقدس میں تمام انبیاء علیہا السلام کی امامت فرمائی۔ پھر آپ ﷺ کا آسمان دنیا کی طرف سفر ہوا۔ اس سفر کو معراج کہتے ہیں۔ اس موقع پر آپ کو سات آسمانوں جنت' دوزخ کا حال دکھایا گیا۔ آپ ﷺ سدرۃ المنتہیٰ تک گئے۔ عرش الٰہی پر آپ ﷺ کو اللہ سبحانہ وتعالی سے بات کرنے کا شرف بخشا گیا۔ اس بات چیت کو مسلمان اپنی نماز کے تشہد میں پڑھتے ہیں۔ نماز کا تحفہ دیا گیا۔ اور سورہ بقرۃ کی آخری آیات عطا کی گئیں۔ پھر آپ ﷺ کی واپسی ہوئی تو آپ ﷺ کے مکان کی دستک ویسے ہی ہل رہی تھی جیسے آپ ﷺ ابھی گئے اور آئے۔ آپ ﷺ کا بستر مبارک بھی ویسا ہی گرم تھا۔ اس طرح آپ ﷺ کو معراج بدنی اور روحانی دونوں ہوئی۔ صبح آپ ﷺ نے جب اس واقعہ کا ذکر مکے والوں سے کیا تو کفار مکہ نے آپ ﷺ سے بیت المقدس تک راستے کی نشانیاں پوچھیں۔ جب آپ ﷺ نے وہ نشانیاں بیان کر دیں تو انہوں نے واقعہ کی تکذیب کی

لیکن حضرت ابوبکرؓ نے فوری اس واقعے کی تصدیق کی۔ جس کی بنیاد پر آپؓ کا لقب صدیقؓ پڑا۔ واقعہ معراج کو نعت گو شعراء نے مختلف انداز میں بیان کیا ہے۔ اور اسے آپ ﷺ کی سیرت طیبہ کا ایک اہم واقعہ قرار دیا ہے۔ چنانچہ بے ہوش محبوب نگری نے بھی اپنے نعتیہ اشعار میں واقعہ معراج کی جزئیات کو بیان کیا ہے اور اس واقعہ سے متعلق رحمتوں اور برکتوں کو بیان کیا ہے۔ انہوں نے بعض مکمل نعتیں بھی واقعہ معراج سے متعلق کہی ہیں۔ ذیل میں واقعہ معراج سے متعلق ان کے نعتیہ اشعار اور ایک نعت کا نمونہ پیش کیا جارہا ہے ان اشعار کے مطالعے سے اس وقعے کی عظمت کا اندازہ ہوتا ہے۔

حسن محبوب سے پرنور ہے معراج کی رات
ہر جگہ جلوہ کوہ طور ہے معراج کی رات
روح اور جسم کے اسرار کھلے ہیں اس میں
فہم وادراک سے بھی دور ہے معراج کی رات
قاب وقوسین کی منزل نظر آئی اس میں
اس لئے راتوں میں مشہور ہے معراج کی رات
آج شیطان پہ کھلا مقصد تخلیق بشر
عبد ومعبود کا دستور ہے معراج کی رات
شب وعدہ ہے یا وصل کی شب ہے پرنور
یا سنورتی ہوئی اک حور ہے معراج کی رات
جذب ہے ذات احد چشم نبی ﷺ میں شائد
کیف مازاغ سے مخمور ہے معراج کی رات

مل گئی ان سے نظر ہو گیا بے خود بے ہوش
سرحد ہوش سے بھی دور ہے معراج کی رات
ص۔۲۳۲۔ ہوش عبدیت

چھو کے ان کے قدموں کو عرش تک گئی نعلین
سوچیئے کہاں تک ہے اب رسائی نسبت کی
عرش تک گئے آئے پھر بھی گرم ہے بستر
اک سانس میں گویا طے یہ کل مسافت کی ص۔۱۱۔ ہوش عقیدت

آئے جب شب اسریٰ حق سے عرش پر مل کر آئی دید کی خوشبو آپ کے پسینے سے
ص۔۱۷۔ ہوش عقیدت

رویت حق معراج ان کی اپنی ہے تحصیل رسول
ص۔۲۳۔ ہوش عقیدت

سدرہ سے آگے ہیں محمد روح الامین کا چہرہ فق ہے
ص۔۲۴۔ ہوش عقیدت

رحمت کا بہہ رہا ہے سمندر زمین پر معراج میں قدم سے نواز جو عرش پر
ص۔۲۶۔ ہوش عقیدت

دھوم تھی قدسیوں میں شب اسریٰ عرش پر مصطفیٰ آنے والے ہیں
ص۔۳۲۔ ہوش عقیدت

ہے سدرۃ تک حد پرواز جبرئیل بشر اس سے بھی اونچا اُڑ گیا ہے
ص۔۳۴۔ ہوش عقیدت

کون ہے مقتدی اور کون ہے امام ان کا خود انبیا کو مرغوب ہے شب معراج

ص۔۶۰۔ہوش عقیدت

نماز صاحب معراج ہی کا تحفہ ہے　　　ضیائے دیدہ ٔمحبوب ہے شب معراج

ص۔۶۰۔ہوش عقیدت

دیگر معجزات

حضور اکرمﷺ کی زندگی میں اللہ تبارک و تعالیٰ نے آپﷺ کے ذریعے کئی معجزات کا ظہور فرمایا۔جن میں اہم شق قمر کا واقعہ،سورج کے پلٹ آنے کا واقعہ اور دیگر معجزات ہیں۔آپﷺ نے اپنی انگلی سے چاند کی طرف اشارہ کیا تو چاند دو ٹکڑے ہو گیا تھا۔اس واقعہ کی طرف اشارہ کرتے ہوئے بے ہوش محبوب نگری کہتے ہیں کہ

چاند شق ہو گیا آبرو پا گیا　　　یہ کہاں اور ان کے اشارے کہاں

ص۔۴۳۔ہوش عقیدت

اللہ تعالیٰ نے نہ صرف چاند سورج بلکہ ساری کائنات کو آپﷺ کے تابع فرما دیا تھا۔جب آپﷺ راستے سے گذرتے تو پیڑ پودے جھک کر سلام کرتے۔ریت کے ذرات چمکنے لگتے۔ایک دفعہ ایک اونٹ نے آپﷺ سے بات کرکے اپنے مالک کے ظلم کو بیان کیا تھا۔اسی طرح مسجد نبویﷺ میں ایک کھجور کے درخت کا تنا تھا۔جس سے ٹیک لگا کر آپﷺ خطبہ دیتے تھے۔جب آپﷺ دوسری جگہ خطبہ دینے لگے تو وہ درخت رونے لگا تھا۔اسی طرح ایک مرتبہ میدان جنگ میں صحابہ کرامؓ کی عصر کی نماز چھوٹ رہی تھی اور سورج غروب ہونے لگا تھا تو اللہ کے رسولﷺ نے سورج کو اشارہ کیا تھا کہ وہ پلٹ آئے۔چنانچہ آپﷺ کا اشارہ پا کر ڈوبتا سورج واپس پلٹ آیا۔اور صحابہؓ نے اپنی نماز بغیر قضاء کئے ادا کی۔اس واقعہ کی طرف اشارہ کرتے ہوئے بے ہوش کہتے ہیں۔

سورج پلٹ کے آیا کبھی شق ہوا قمر　　　یوں مہر و ماہ کو تابع فرماں بنا دیا

ص۔۳۱۔ ہوشِ عقیدت

اگر آپ چاہیں تو پتھر ہو گویا   کہ ہیں بے زباں کو زبان دینے والے

ص۔۴۰۔ ہوشِ عقیدت

ملتی ہے بے زباں کو زباں ان کے حکم سے   گویا ہیں سنگریزے بھی آقا کے سامنے

ص۔۵۸۔ ہوشِ عقیدت

آپ ﷺ نے کبھی پیٹ بھر کر کھانا نہیں کھایا۔ حدیث شریف کا مفہوم ہے کہ حضرت عائشہ صدیقہؓ فرماتی ہیں کہ دو دو چاند دیکھتے تھے لیکن کبھی چولہا سلگانے کی نوبت نہیں آتی تھی۔ جب فاقے ہوتے تو آپ ﷺ پیٹ پر پتھر باندھ کر کام کرتے تھے۔ چنانچہ اس بات کی طرف اشارہ کرتے ہوئے بے ہوشؔ محبوب نگری کہتے ہیں کہ

اک معجزہ ہے پیٹ پر پتھر کا باندھنا   ہم صورت بشر ہے لطافت رسول ﷺ کی

ص۔۳۶۔ ہوشِ عقیدت

پتھر بندھا ہے شاہ دو عالم کے پیٹ پر   اس شان پر یہ رنگ فقیرانہء حضور

ص۔۸۸۔ ہوشِ عقیدت

رحمت اللعالمین ﷺ

اللہ تعالیٰ نے آپ ﷺ کو رحمت اللعالمین بنایا اور آپ ﷺ کے رحمت اللعالمین ہونے کا باضابطہ قرآن میں ذکر کیا۔ چنانچہ ارشاد ربانی ہے کہ ”وما ارسلنک الا رحمۃ اللعالمین“

آپ ﷺ ساری کائنات کے لئے اور ہر زمانے کے لئے رحمت بنا کر بھیجے گئے تھے۔ آپ ﷺ کی حیات مبارکہ میں کئی ایسے واقعات پیش آئے جس میں آپ ﷺ نے رحمت ہونے کا اظہار فرمایا۔ جب آپ ﷺ کے جسم اطہر پر کچرا ڈالا گیا تو آپ ﷺ نے عفو درگزر اور رحمت کا

معاملہ کیا۔طائف کے شریرلڑکوں نے آپ ﷺ سے غلط برتاؤ کیا تب بھی آپ ﷺ نے رحمت ہونے کا اظہار کیا۔آپ ﷺ کی رحمت کا یہ سلسلہ قیامت تک جاری رہے گا۔یہی وجہ ہے کہ آج دنیا بھر میں غیر مسلم اقوام پر زلزلے' سیلاب' طوفان اور سونامی وغیرہ دردناک عذابات آتے ہیں۔لیکن امت محمدیہ ﷺ کو اللہ تعالیٰ نے بالعموم ان عذابات سے محفوظ رکھا ہے۔یہ سب نبی رحمت ﷺ کا رحمت اللعالمین ہونے کا بین ثبوت ہے۔بے ہوشؔ نے اپنے نعتیہ اشعار میں آپ ﷺ کے رحمت اللعالمین ہونے کا ذکر مختلف انداز میں کیا ہے۔ذیل میں اس موضوع سے متعلق چند اشعار پیش کیے جا رہے ہیں۔

رحمت اللعالمین اب نگاہ چارہ ساز نام لیوا آپ کا سرکار کس مشکل میں ہے

ص۔۲۱۔ ہوش عقیدت

رحمت عالم جو آئے عاصیو گویا جنت کے قبا آ گئے

ص۔۴۲۔ ہوش عقیدت

اس رحمت عالم کے قدم کی ہے یہ برکت باوصف خطا حق کی عطا دیکھ رہا ہوں

ص۔۵۲۔ ہوش عقیدت

بھیجا ہے رب نے رحمت عالم بنا کے جب پھر کیا شمار ہو کرم بے حساب کا

ص۔۱۳۷۔ ہوش عبدیت

قرآنی آیات کا ذکر

بے ہوشؔ محبوب نگری ایک ایسے نعت گو شاعر ہیں۔جنہوں نے اپنی نعتوں میں عشقیہ جذبات کے ساتھ قرآن وحدیث کے مضامین بیان کئے اور بطور تلمیح قرآنی آیات کی طرف اشارہ کیا ہے۔اردو کے الفاظ اور قرآنی آیات کو ایک ساتھ استعمال کرتے ہوئے انہوں نے فن شاعری پر اپنے عبور اور کمال کا بھی ثبوت دیا ہے۔جو لوگ قرآنی مضامین پر عبور رکھتے ہیں اور قرآنی

اشاروں کو فوری سمجھتے ہیں وہ لوگ بے ہوشؔ محبوب نگری کے ان اشعار سے صحیح سرور اُٹھا سکتے ہیں۔ بے ہوشؔ نے اپنے دونوں نعتیہ مجموعوں میں جو قرآنی اشارے دیئے ہیں ان میں سے چند اشعار ذیل میں پیش کئے جا رہے ہیں۔

شہہ لولاک مقصود ازل در ثمین آئے مبارک کنت کنیزاً مخفیاً کے دلنشیں آئے

ص۔۳۱۔ ہوش عبدیت

منزل قرب کی ہر ایک ادا یاد تو ہے قاب قوسین لکھوں یا فتدلی لکھوں

ص۔۳۰۔ ہوش عبدیت

ما رمیت کی یہ آیت سے ہوا ہے ظاہر عبد و رب میں یہاں کس شان کی یکجائی ہے

ص۔۴۳۔ ہوش عبدیت

حکم لا ترفعوا آیا ہے کلام حق میں ہم کو آداب حضوری سکھانے کے لئے

ص۔۴۷۔ ہوش عبدیت

جب سے اس کائنات کی تخلیق ہوئی۔ اور سب سے پہلے رسول حضرت آدم علیہ السلام آئے اور سب سے آخری پیغمبر حضرت محمد مصطفیٰ ﷺ ہیں۔ لیکن اس درمیان میں ایک محتاط اندازے کے مطابق ایک لاکھ چوبیس ہزار انبیاء اس زمین پر مبعوث ہوئے لیکن قرآن کریم میں صرف چوبیس انبیاء کا ذکر ہے۔ ان انبیاء کا ذکر بے ہوشؔ نے اپنے کلام میں بھی کیا ہے۔

چشم موسیٰ کے لئے طور تجلی ہو تم ید بیضا کی ہو تم جان رسول عربی

ص۔۶۶۔ ہوش عقیدت

آدم ہوں کہ نوح ابراھیم کہ موسیٰ ہر جسم رسالت میں ہو تم جان رسالت

ص۔۷۲۔ ہوش عقیدت

تنویر جمال یوسف سے ہاتھ اپنے حسینوں نے کاٹے گر دیکھ لیں حسن ماہ عرب کیا جانئے عالم

کیا ہوگا

ص۔۲۰۔ہوش عقیدت

اعلان ہے کس کی آمد کا عیسیٰ کی زبان پر صل علیٰ یہ کس کی تجلی عالم کو بے پردہ دکھائی جاتی ہے

ص۔۵۰۔ہوش عقیدت

الٰہی طور موسیٰ کو مبارک ہمیں تو جلوہ فاراں عطا کر

ص۔۵۵۔ہوش عقیدت

غار حرا

آپ ﷺ نبوت سے قبل اور نبوت کے بعد بھی اطمینان سے یاد الٰہی کے لئے غار حرا تشریف لے جاتے تھے۔اور وہاں بیٹھ کر غور وفکر کرتے تھے۔ جب آپ ﷺ کی عمر مبارک چالیس سال ہوئی تو اسی غار میں حضرت جبرئیل علیہ السلام نے اللہ کے حکم سے آپ ﷺ پر قرآن کی وحی کا نزول فرمایا۔اور آپ ﷺ کو منصب نبوت عطا ہوا۔ یہ غار مکے کے ایک پہاڑ کے اوپر ہے۔اس غار سے آپ ﷺ کو خانہ کعبہ دکھائی دیتا تھا۔اور کفار مکہ کے شر سے بھی آپ ﷺ محفوظ رہ کر یاد الٰہی میں مصروف رہا کرتے تھے۔ بے ہوش محبوب نگری نے اس غار کا اپنی نعتیہ شاعری میں جابجا تذکرہ کیا ہے چنانچہ غار حرا کے تذکرے پر مبنی چند اشعار ذیل میں پیش کئے جارہے ہیں۔

ہو مبارک تجھ کو اے غار حرا تیری آنکھوں کے اُجالے آگئے

ص۔۴۲۔ہوش عقیدت

اندھیرے چھٹ گئے سارا زمانہ ہوگیا روشن ابھر کے جب حرا کے غار سے بدر کمال آیا

ص۔۵۱۔ہوش عقیدت

حرا سے بدر کمال آرہا ہے   فضاؤں پہ یہ حسن و جمال آرہا ہے

ص ۔۵۲۔ ہوش عقیدت

دیکھئے غار حرا سے آرہے ہیں مصطفیٰ لب کی ہر جنبش سے ظاہر دین کا دستور ہے

ص ۔۷۵۔ ہوش عقیدت

امت کا ذکر

حضور اکرم ﷺ نے اپنی حیات میں ہمیشہ امت مسلمہ کی فکر کا اظہار کیا ہے۔ جب آپ ﷺ معراج کے سفر پر تھے جب بھی آپ ﷺ کو اپنی امت کی فکر دامن گیر تھی۔ روز آنہ اپنی دعاؤں میں امت کو یاد کیا کرتے تھے۔ قیامت میں آپ ﷺ امت کی شفاعت فرمائیں گے۔ جب آپ ﷺ کے مرض الوفات کا وقت تھا اس وقت بھی آپ ﷺ کی زبان مبارک پر امت امت کی آواز تھی اس سے پتہ چلتا ہے کہ آپ ﷺ نے اپنی امت کا کس حد تک خیال رکھا تھا۔ آپ ﷺ کی امت کے بارے میں اسی فکر کو بے ہوشؔ محبوب نگری نے اپنے اشعار میں یوں پیش کیا ہے۔

آج اپنی امت کے آپ ہی نگہباں ہیں   ناخدا نہیں غافل اپنے ہی سفینے سے

ص ۔۲۰۔ ہوش عقیدت

بلوائیں جو اپنی رحمت سے بے ہوش کو طیبہ میں آقا گنبد کا نظارہ کرتے ہی توڑے یہ اگر دم کیا ہوگا

ص ۔۲۰۔ ہوش عقیدت

بے عمل ہو کر نہ ہو جائے کہیں بے آسر   خیر امت یا رسول اللہ کس مشکل میں ہے

ص ۔۲۱۔ ہوش عقیدت

مسلسل سنگ باری پر دعائیں دی ہیں طائف میں   خدا شاہد ہے امت سے تمہیں کتنی محبت تھی

ص ۔۵۳۔ ہوش عقیدت

جب اپنے غلاموں پر شفقت وفخر رسالت کرتے ہیں   خود فتنہ وشر آگے بڑھ کرامت کی حفاظت کرتے ہیں

ص۔۸۱۔ہوش عقیدت

بے ہوشؔ محبوب نگری کی نعت گوئی کا فنی جائزہ

بے ہوشؔ نے اپنی نعت گوئی کے دوران نعت گوئی کے فن اور شاعری کے فن کو ملحوظ رکھا ہے۔ایک طرف انھوں نے اپنی نعتوں میں نعت گوئی کے آداب کو بھی ملحوظ خاطر رکھا۔انھوں نے جو بھی موضوعات بیان کئے اُن میں وفورِ جذبات کے ساتھ جذبات پر قابو بھی ملتا ہے۔اُن کی نعتوں میں مبالغہ آرائی نہیں ہے۔قرآن وحدیث کے دائرے میں رہ کر انھوں نے عشق نبوی ﷺ کا اظہار کیا ہے اور اس بات کا اعتراف بھی کیا ہے۔ نعتوں کے لکھنے میں کچھ سہو ہو تو اُس کی نشاندہی کی جائے۔ جہاں تک شاعری کے فن کا معاملہ ہے بے ہوشؔ نے اپنی نعتوں میں شاعری کے جملہ اُصول وضوابط کی پابندی کی ہے۔

نعت کی ہیئت

بے ہوشؔ نے اپنی تمام تر نعتیں اور سلام وغیرہ غزل کی ہیئت میں لکھی ہیں۔جس طرح غزل میں مطلع اور مقطع ہوتا ہے۔اُسی طرح اُن کی نعتوں میں بھی مطلع اور مقطع پایا گیا ہے اور اُنھوں نے اپنی فنی مہارت سے بہت اچھے قافیہ اور ردیفیں استعمال کی ہیں۔بے ہوشؔ نے اپنی نعتوں کے لئے چھوٹی بحر کو کثرت سے استعمال کیا ہے۔اس طرح انھوں نے اپنی نعتوں میں ترنم پیدا کیا ہے۔اُن کی چند ایک نعتیں بڑی بحر میں بھی ہیں۔لیکن اُن میں ترنم اور روانی کم ہے۔اُن کی ایک چھوٹی بحر کی نعت کا مطلع، مقطع اور منتخب شعر اس طرح ہیں۔

عشق نبیؐ کا جوہر ہے
یادِ نبی سے روشن گھر ہے

و قت آ خر اُ نکا تصو ر

سب سے ا چھا ز ا دِ سفر ہے

بے ہو شؔ ا پنی ہے یہ

سر ا پنا ہے اُ نکا د ر ہے

بے ہوشؔ محبوب نگری کی بڑی بحر کی ایک نعت کا مطلق و مقطع اسطرح ہے۔

مراتب اُن کے ہیں اعلیٰ محمدؐ نام ہے جنکا

نہیں ہمسر کوئی اُ نکا محمد نا م ہے جنکا

تشبیہات اور استعارات کا استعمال

بے ہوشؔ نے اپنی نعتوں میں جا بجا تشبیہات استعمال کی ہیں تا کہ اپنے خیال کو شدتِ جذبات کے ساتھ بیان کیا جا سکے۔ انھوں نے روزمرہ کی زبان سے اپنی تشبیہات کا استعمال کیا ہے۔ بے ہوشؔ نے اپنی ایک نعت میں حضورﷺ کے سراپا کو مختلف تشبیہات کے ساتھ استعمال کیا ہے۔ بے ہوشؔ کہتے ہیں کہ:

چشم کر م ہستیٔ عا لم

اُ ن کا تبسم پیپل پیپل

جا نب طیبہ قا فلے ا یسے

جیسے ر وا ں ہیں با دل با د ل

شب کی سیا ہی پتلی پتلی

پر تو گیسو کا جل کا جل

جا ن کا پسینہ عر ش کا جھر نا

جس کی خو شبو صند ل صند ل

اسی طرح دیگر نعتوں میں بھی اُنھوں نے کمالِ شعری کے ساتھ تشبیہات کا استعمال کیا ہے اور تشبیہات کے انتخاب میں اپنی جدت بیان کی ہے۔

تلمیحات کا استعمال

تلمیح سے مراد کلام میں ایسا لفظ یا الفاظ استعمال کرنا جس سے کسی تاریخی واقعہ کی طرف اشارہ ہوتا ہو۔ بے ہوشؔ نے اپنے کلام میں واقعہ معراج، شقِ قمر کا واقعہ، کوہِ طور، غارِ حرا اور حسن یوسف کے ذکر کے ساتھ تلمیحات استعمال کی ہیں اور انھوں نے قرآنی آیات کے حصوں کو بھی بطور تلمیح استعمال کیا ہے۔

اُس حسنِ مکمل کا عالم حادث پہ ہے شیدا ذاتِ قدم
دیکھیں جو زنانِ مصر تو کیا یوسف بھی پشیماں ہو جائے

بے ہوشؔ محبوب نگری کا شعری اسلوب

بے ہوشؔ نے اپنی نعت گوئی کو مخصوص انداز میں ڈھالا ہے۔ اُن کی نعتوں میں سادگی، روانی اور سچے عشق کی کیفیت ملتی ہے۔ اُنھوں نے چھوٹی بحروں کے استعمال کے ساتھ اپنی نعتوں کو دلچسپ بنایا ہے۔ بعض نعتوں میں الفاظ کی تکرار کے ذریعہ ترنم پیدا کرنے کی کوششیں کی گئی ہیں۔ بے ہوشؔ محبوب نگری کہتے ہیں کہ:

نو ر محمد ا ول ا و ل
حسنِ محمد ا کمل ا کمل
گلشن گلشن جنگل جنگل
عشقِ نبی میں پا گل پا گل

حب نبی گر نہ ہو دل میں
سا ری عبا دت مہمل مہمل

ص نمبر ۴۶ ہوشِ عبدیت

بے ہوشؔ نے اپنے شعری اسلوب کو اپنے مخصوص انداز بیان اور مخصوص تراکیب وذخیرہ الفاظ کے ساتھ تشکیل دیا ہے۔ اُنھوں نے چند ایک نعتیں اردو کے نامور شعراء کی زمین پر بھی کہی ہیں۔ جیسے مخدوم
محی الدین کی مشہور غزل:

آپ کی یاد آتی رہی رات بھر
چشم نم مسکراتی رہی رات بھر

کے وزن پر بے ہوش نے جو نعت کہی ہے اُس کے چند اشعار اس طرح ہیں:

یاد آقا کی آتی رہی رات بھر
کتنے جھولے دکھاتی رہی رات بھر
نیند طیبہ میں آتی رہی رات بھر
اُن کی رحمت جگمگاتی رہی رات بھر

۵۱ ہوشِ عبدیت

بے ہوشؔ نے روایتی اردو زبان میں نعتیں کہی ہیں۔ اُن کے کلام میں دکنی الفاظ نہیں ملتے اور نہ ہی اُنھوں نے ہندی الفاظ کا استعمال کیا ہے۔ جیسا کہ دیگر شعراء نے ہندی الفاظ استعمال کرتے ہوئے اپنی نعتوں کو ہندوستانی رنگ دینے کی کوشش کی تھی۔ اُن کے شعری مجموعہ ہوشِ عقیدت سے ہوشِ عبدیت تک سفر کے دوران اُن کی زبان اور انداز بیان نکھرتا گیا۔ اور ہوشِ عبدیت کی بیشتر نعتوں کے مطالعہ سے ایسا لگتا ہے کہ جذبات کا ایک دریا ہے جو

چلا آرہا ہے۔ بے ہوشؔ نے جب اپنی نعتوں کو اپنے مخصوص ترنم میں پڑھا تو اُن کے نعتیہ اشعار سامعین کے دلوں پر اثر کر گئے۔ یہ اُن کی نعت گوئی کا کمال ہے۔ اُن کی نعتوں کے اکثر اشعار سہل ممتنع میں شمار ہوتے ہیں۔

میرے کملی والے کی شان ہی نرالی ہے
بعدِ حق رسولوں میں بس یہ ذات عالی ہے
دین رات ہے رحمت کی برسات مدینے میں
اک عمر سے بہتر ہے ایک رات مدینے کی

عشقِ احمد عیاں ہو گیا
میں کہاں سے کہاں ہو گیا
عرش کا جب تصور کیا
سبز گنبد عیاں ہو گیا
دیکھنا ہو نبی کو اگر
مانگ لاؤ خدا سے نظر
عشق میں جو خودی کو کھو بیٹھے
وہ نبیؐ سے قریب ہو بیٹھے

اس طرح بے ہوشؔ محبوب نگری کی کئی نعتیں سادگی اور روانی کی حامل ہیں۔

بے ہوشؔ محبوب نگری کی لفظیات

بے ہوشؔ نے اپنی نعتوں کے اسلوب کی تشکیل کے لئے نعت گوئی کے روایتی الفاظ کے ساتھ قرآن وحدیث کے الفاظ، تراکیب، تشبیہات اور استعارات کو بڑی خوبی اور فنکاری کے ساتھ استعمال کیا ہے۔ آپﷺ کے لئے اُنھوں نے موزوں ومناسب خطابی الفاظ

استعمال کئے اور بعض الفاظ کو انھوں نے کثرت سے بھی استعمال کیا۔ بے ہوشؔ کی نعتوں میں ملنے والے الفاظ وتراکیب میں نورِ مطلق، فیضانِ مدینہ، دامن رحمت، داغِ دل، سوز جگر، اشکِ ندامت، تجلی، شافع محشر، رحمت عالم،

نقشِ پا، ارض وسما، قلب مومن، نور احمد، کونین، بطحیٰ، درِ پاک، سبز گنبد، روشن چراغ، آستانہ، کملی، من رانی، ضیاء، بدر کامل، شہر لولاک، رحمت مجسم، ظہور نور، جامع عبدیت، مزمل، مدثر، یٰسین، طٰہٰ، شہر کون ومکان، شمع وحدت، بدر الدجیٰ، وسیلہ وغیرہ۔ بے ہوشؔ نے نعتیہ اشعار میں مشکل پسند خیالات کی پیشکشی سے احتیاط برتی ہے اور عام انسانوں کے جذبات کو حقیقی عشق کے جذبے کے ساتھ بیان کیا ہے۔ اس طرح مجموعی طور پر بے ہوشؔ کا اسلوب سادہ ورواں ہے۔ اُن کے اشعار دل پر اثر کرتے ہیں اور تھوڑی سی کوشش سے قاری کو یاد بھی ہوجاتے ہیں۔

بے ہوشؔ تخلص کا استعمال

بے ہوشؔ محبوب نگری نے اپنی نعتوں کے اختتام پر اکثر اپنے تخلص کو استعمال کیا ہے اور اس تخلص کو معنویت بھی عطا کی ہے۔ اُن کے تخلص کے اشعار میں عشق میں ڈوبنے کی سرشاری اور کیفیت وسرور کا انداز پایا جاتا ہے۔ بے ہوشؔ کے چند مقطع جس میں اُن کے تخلص کی معنویت ہے۔ ذیل میں دیئے جارہے ہیں۔

بے ہوشؔ کر دیا مجھے عشق رسولؐ نے
اظہار عشق کیا کروں دنیا کے سامنے

میں ہوں بے ہوشؔ میرا ہوشِ نظر ہے طیبہ
ہے مری طرح مرے دل کی تمنا تنہا

ص ۴۲ ہوشِ عبدیت

ہوش اتنا ہے بے ہوشؔ یہ بے خودی
اپنا دامن بچاتی رہی رات بھر
۵۱ ہوشِ عبدیت

ابھی اک آن میں بے ہوشؔ کو بھی ہوش آئے گا
سنگھا دے اگر اسے لاکھ کوئی مٹی مدینے کی
ص ۵۰ ہوش عبدیت

یہ ہے دربارِ نبیؐ ہوش نہ ہونا بے ہوش
ہوش والے ہیں سلیقے سے تڑپتے جاتے ہیں
دور آقا سے رہ کے ہوں بے ہوشؔ
ایسا جینا بھی کوئی جینا ہے
ص نمبر ۲۴۱ ہوش عبدیت

تمنا دید کی بے ہوشؔ کرتے ہو بہت لیکن
جمالِ ہوش کل سے تم کو بے ہوشی نہ ہو جائے
ص ۲۴۳ عبدیت

ہوش سے بے نیاز ہے بے ہوشؔ
ہوش کل ساتھ ساتھ رہے ہیں
ص نمبر ۲۲۰ ہوشِ عبدیت

اس طرح بے ہوشؔ محبوب نگری کی شاعری فنی اعتبار سے کمال کا اظہار کرتی ہے۔ بے ہوشؔ نے اپنے فن کو نکھارنے کے لئے ضرور اساتذہ کے کلام سے استفادہ کیا ہوگا۔ لیکن اُن کی شاعری اُن کی انفرادیت کا پتہ دیتی ہے اور عاشقانِ مصطفیٰ صلی اللہ علیہ وسلم کو عشق نبویؐ کے مختلف

جہانوں کی سیر کراتی ہے۔ بے ہوش محبوب نگری کے کلام کی مقبولیت کی ستائش کرتے ہوئے ڈاکٹر حمید الدین شرفی لکھتے ہیں کہ:

> اس ربط و نسبت اس عشق و وارفتگی نے اُنھیں وہ جوہر و کمال عطا کیا ہے کہ حیدر آباد سے مدینہ منورہ تک ان کی نعتیں زبان زد ہوگئی ہیں۔ یہی چیز احساس دلاتی ہے کہ کلامِ بے ہوشؔ کس قدر مقبول ہوا ہے۔ بے ہوشؔ محبوب نگری کے پاس قوتِ اظہار اور سلیقۂ بیان ہے۔ تاہم موضوع کا تقدس کبھی بھی ادب و احترام کے قرینوں اور حقیقت کے دائروں سے تجاوز کی جرأت نہ دے سکا جو اس صنف شریف کا لازمی اُصول ہے۔ انھوں نے شاعرانہ خیال آرائیاں اور لفظی آراستگی کے شوق میں معین حدود سے باہر قدم رکھنے کی جسارت نہ کی۔ یہی سبب ہے کہ ان کا نعتیہ کلام تمام شرائط احتیاط کے ساتھ موضوع کی تقدیس و تحریم کا آئینہ دار ہے۔ بے ہوشؔ محبوب نگری کے پاس نعت کے تمام آداب اور اظہار کے سارے سلیقے ملتے ہیں۔ یہی وجہ ہے کہ ان کے مضامین ممدوح خالقِ دو جہاں کی شان و عظمت کے معین دائروں میں حقائق و معارف کے انوار سے مزین اور آراستہ دکھائی دیتے ہیں۔''
>
> (حمید الدین شرفی۔ ہوش عبدیت۔ ص۔ ۱۵)

مجموعی طور پر بے ہوش محبوب نگری نئے دور کے باسلیقہ نعت گو شاعر کے طور پر نعتیہ

شاعری کے میدان میں نمایاں نظر آتے ہیں۔ آج بے ہوشؔ تو ہوش والوں کے درمیان نہیں ہیں لیکن اُن کا کلام لوگوں کو ہوش و خردمندی کا سبق پڑھا رہا ہے۔ یہی ایک شاعر کے کلام کی مقبولیت کی دلیل ہے۔ تاہم بے ہوشؔ کے بارے میں ہم بھی یہی کہتے ہیں کہ:

جانے والے کبھی نہیں آتے
جانے والوں کی یاد آتی ہے

اختتامیہ

تحقیقی کتاب ''بے ہوش محبوب نگری بہ حیثیت نعت گو شاعر'' کے گزشتہ ابواب میں نعت کی تعریف نعت گوئی کے اصول، نعت گوئی کے آداب، نعت کا آغاز وارتقاء، بے ہوشؔ محبوب نگری کے حالاتِ زندگی، اُن کی شخصیت اور فن پر جائزہ پیش کیا گیا ہے اور اُن کے دو نعتیہ مجموعوں ہوشِ عقیدت اور ہوشِ عبدیت کے حوالے سے اُن کی نعت گوئی کا انفرادی و اجمالی اور فنی جائزہ پیش کیا گیا۔ اس جائزے سے اندازہ ہوتا ہے کہ بے ہوشؔ محبوب نگری کو اللہ تعالیٰ نے نعت گوئی کا فن ایک نعمت کی شکل میں عطا کیا تھا۔

نعت کا اُصول یہ ہے کہ اُسے جتنا برتا جائے وہ بڑھتی جاتی ہے۔ اگر اُس کی ناقدری کی جائے تو وہ چھین لی جاتی ہے۔ بے ہوشؔ نے عشقِ رسول ﷺ کے منظوم بیان کی اُنھیں ملنے والی نعمت کو ایک عظیم تحفہ کے طور پر قبول کیا۔ قلم خدا کی امانت ہوتا ہے۔ اگر قلم کے ذریعے سچے جذبات کا اظہار کیا جائے تو قلم کی روشنائی اور اس روشنائی سے لکھے جانے والے حروف دنیا میں بصارت وبصیرت کا نور پھیلا سکتے ہیں۔ اور ایک قلم کار کے لکھے ہوئے یہ حروف اس کی آخرت کو سنوار سکتے ہیں۔ چنانچہ بے ہوشؔ نے قلم کی امانت اور نعت گوئی کے تحفہ کو بھی استعمال کیا اور سادگی، سلاست، روانی اور ترنم کے ساتھ بے شمار نعتیں کہیں۔ اُن کی نعتیں عشق نبی ﷺ کے حقیقی جذبے سے سرشار ہیں۔ ان نعتوں میں سیرت النبی صلی اللہ علیہ وسلم کے مختلف پہلو بیان ہوئے ہیں۔ عشق نبوی ﷺ کے آداب کا ذکر ہے اور حضور صلی اللہ علیہ وسلم کے سچے عاشق کے لئے سامانِ دنیا وآخرت ہے۔ قاری اپنے آپ کو مدینے کی مبارک گلیوں میں موجود پاتا ہے۔ اُسے اپنی آنکھوں کے سامنے گنبدِ خضریٰ اور روضۂ اقدس کی جالیٔ مبارک کا نظارہ مل جاتا ہے

اور آپ ﷺ کے دیدار کی آرزو کرنے والوں کو ان نعتوں میں آپ ﷺ کی لفظی تصویر نظر آجاتی ہے۔ جس سے سرشار ہو کر مومن بندہ اپنے آپ کو کیف و سرور میں ڈبا لیتا ہے۔ بے ہوشؔ نے اپنی نعت گوئی میں نعت گوئی کے آداب کا لحاظ رکھا۔ انھوں نے اپنے جذبات کو کہیں بے قابو ہونے نہیں دیا اور شریعت کے دائرے میں رہتے ہوئے عشق نبوی ﷺ کا اظہار کیا اور فنی اعتبار سے بھی اُن کی شاعری کمال پر نظر آتی ہے۔ اُنھوں نے چھوٹی بحروں میں سارے الفاظ میں جذباتی اشعار کہے۔ اپنے تخلص کو معنویت کے ساتھ استعمال کیا اور نعت گوئی کا صحیح معنوں میں حق ادا کیا۔ اس طرح بے ہوش محبوب نگری حیدرآباد دکن کے ایک ممتاز نعت گو اور نعت خواں شاعر کے طور پر ادب کی تاریخ میں اپنا نام روشن کئے دکھائی دیتے ہیں۔ انہوں نے اپنے کلام کے بارے میں جو یہ دعویٰ کیا تھا کہ

بے ہوشؔ تیری نعتوں کی ہر سمت دھوم ہے
سرکار کے طفیل میں شہرت ہے آج بھی

اپنی جگہ درست معلوم ہوتا ہے۔

چھٹا باب ☆

بے ہوشؔ محبوب نگری کے کلام کا انتخاب

ہوشؔ عقیدت سے انتخاب

نمود شے کے ہے پن سے عیاں اللہ ہی اللہ ہے
وجود کُل زمین و آسماں اللہ ہی اللہ ہے

قسم اللہ کی بندہ سو بندہ ، رب سو رب لیکن
ہراک بندے کی صورت سے عیاں اللہ ہی اللہ ہے

تمیز حق و باطل معرفت کی جان ہے لیکن
یہ رہبر راہِ منزل کارواں اللہ ہی اللہ ہے

وہ مستغنی بھی ہے عالم سے رب العالمین بھی ہے
کفیل احتیاج انس و جاں اللہ ہی اللہ ہے

سنا تھا میں وجوداً عین ہوں اور غیر ہوں ذاتاً
جو دیکھا غور سے سب بے گماں اللہ ہی اللہ ہے

ثبوت و اعتبار ذات سے ہے تفرقہ پیدا
مگر ازروئے ہستی جسم و جاں اللہ ہی اللہ ہے

عدم میری حقیقت اور وجود اُس ذات کا واجب
تو ہر موجود بے ریب و گماں اللہ ہی اللہ ہے

خودی اپنی مٹاکر خود کو دیکھا تو ہوا ظاہر
کہ ہر رازِ نہاں ، عینِ عیاں اللہ ہی اللہ ہے

صفات اُس کے وجود اس کا ، شہود اس کا ، نمود اس کا
تو پھر بے ہوشؔ کے وردِ زباں ، اللہ ہی اللہ ہے

☆☆

شافع محشر حبیب کبریا ہیں مصطفٰے
رحمت عالم امام الانبیا ہیں مصطفٰے
آپ کا ہر نقش پا ہے جادۂ حق کا چراغ
آپ کے پیرو بھی منزل آشنا ہیں مصطفٰے
علم مطلق یا کلام حق سے ممکن ہے ثنا
ورنہ اپنی مدح کی حد سے سوا ہیں مصطفٰے
عظمت و شانِ شہِ لولاک کیا کیجئے بیاں
خلقتِ ارض و سما کا مدعا ہیں مصطفٰے
ذرے سے خورشید تک ہر شئے کی علت آپ ہیں
مرتبت کی حد یہ ہے بعد از خدا ہیں مصطفٰے
قلب مومن آپ کے احسان سے بیہوش ہے
حق نہیں لیکن سراپا حق نما ہیں مصطفٰے

☆☆

نور احمد کا بول بالا ہے
اُس نے کونین کو سنبھالا ہے
ہر نبی ہر رسول برحق ہے!
تیرا رُتبہ بلند و بالا ہے
کالی کملی میں ہے سراج منیرؐ

جس کا اب ہر جگہ اُجالا ہے

میرا ساقی ہے ، ساقیِ کوثر
دل مرا عشق کا پیالا ہے
مرحبا ، تاجدارِ او ادنیٰ
طالب دید عرش والا ہے
جمع اصحاب یوں ہیں گردِ نبیؐ
چاند کے گرد جیسے ہالا ہے
حبذا گیسوئے شہ لولاکؐ
ذرّے ذرّے پہ جال ڈالا ہے
مظہر حق ، وقار خلق عظیم
دشمنوں کو بھی تم نے پالا ہے
حکم سجدہ ملا ، ملائک کو
تم نے آدمؑ کو یوں اُچھالا ہے
کون جلوے کی تاب لاسکتا
خیر گزری کہ کملی والا ہے
اس مسرت سے ہوگیا بے ہوش
نزع میں کوئی آنے والا ہے!

☆☆

ہے ہستیِ عالم نشانِ محمدؐ

ثبوتِ دو عالم ہے جانِ محمدؐ
ظہور کمالات حق دیکھنا ہے
تو دیکھئے کوئی عز و شان محمدؐ
سمجھ لے جو اس ربط کو وہ ہے عارف
کلامِ خدا اور زبانِ محمدؐ
کرے عقل محدود مدح و ثنا کیا
ہے قرآن سارا بیان محمدؐ
ہے مولائے کل اور شکم پر ہیں پتھر
بہت سخت ہے امتحان محمدؐ
رواں تھا رواں ہے روانہ رہے گا
زمانہ ہے اک کاروانِ محمدؐ
ہے معراج ان کے لئے زندگی کی
جو پہنچے سرِ آستانِ محمدؐ
حقیقت کا دروازہ کھلتا ہے جس پر
وہ پہچان لیتا ہے شانِ محمدؐ
یہ عاصی ہو کس طرح مایوس رحمت
کہ بے ہوش ہے مدح خوان محمدؐ

☆☆

سید الانبیاء آنے والے ہیں!
مالکِ دوسرا آنے والے ہیں

لے کے حق کی ضیاء آنے والے ہیں
معنی والضحیٰ آنے والے ہیں
خازنِ کبریا آنے والے ہیں
دستِ جود و سخا آنے والے ہیں
ان کی خاطر سے پیدا خدائی ہوئی
مقصد کبریا آنے والے ہیں
جن کا علم و عمل دینِ اسلام ہے
وہ رسولِ خدا آنے والے ہیں
آپ اول بھی ہیں آپ آخر بھی ہیں
مبتدیٰ منتہیٰ آنے والے ہیں
دھوم تھی قدسیوں میں شبِ اسریٰ
عرش پر مصطفےٰ آنے والے ہیں
عرش پر منتظر تھا خدا جن کا
وہ حبیبِ خدا آنے والے ہیں
ظلمت کفر جن کے قدم سے چھٹی
وہ ظہور ہدیٰ آنے والے ہیں
کیا نکیرین پوچھیں گے بے ہوش سے
قبر میں مصطفےٰ آنے والے ہیں

☆☆

روشن چراغ محفل امکاں بنادیا

انسانیت کا آپ کو عنواں بنادیا
تاریک دل کو کعبہ ایماں بنادیا
جس پر نگاہ کی اسے انساں بنادیا
تنویر صبح کردیا صورت کے حُسن کو
سیرت کو نورِ جادۂ عرفاں بنادیا
سورج پلٹ کے آیا کبھی شق ہوا قمر
یوں مہر و مہ کو تابع فرماں بنادیا
اللہ رے جمالِ محمدؐ کی تابشیں
یوسف کو جس نے دیدۂ حیراں بنادیا
ملتا ہے لا الہ سے توحید کا شعور
ہر شرک سے نجات کا ساماں بنادیا
ہر پیر و رسول ہے مقبول کبریا
نسبت کو اپنی نازشِ ایماں بنادیا
ظلمت کدہ تھا عالم امکاں ترے بغیر
نقش قدم نے جس کو درخشاں بنادیا
بے ہوش کو عطا ہوا حب نبی کا جام
قسمت نے مور کو بھی سلیماں بنادیا

☆☆

اگر ملتا نہ اس در کا سہارا یا رسول اللہ
تو ہر ذرّے کا مشکل تھا گزارا یا رسول اللہ

کسی کے ہم نہ کوئی ہے ہمارا یا رسول اللہ
یہ سب کچھ آپ ہی کا ہے نظارا یا رسول اللہ
زمانہ اس کی خوش بختی پہ ہر دم رشک کرتا ہے
میسر جس کو ہے دامن تمہارا یا رسول اللہ
جو وابستہ ہوا تم سے وہ گویا پا گیا سب کچھ
بہت کافی ہے نسبت کا سہارا یا رسول اللہ
نگہباں آپ بن جائیں گے جس ٹوٹے سفینے کے
بنے ہر موج خود اس کا سہارا یا رسول اللہ
خلا میں چاند دو ٹکڑے ہوا تھا جس اشارے سے
ہو باطل کی طرف بھی وہ اشارا یا رسول اللہ
نہ جانے ملتجی ہے کب سے اذنِ باریابی کا
یہی بے ہوش یہ قسمت کا مارا یا رسول اللہ

☆☆

نور مطلق کے رنگیں نظارے کہاں
روئے احمدؐ کہاں چاند تارے کہاں
مل سکیں گے یہ دونوں کنارے کہاں
عشق اپنا کہاں حق کے پیارے کہاں
چاند شق ہوگیا آبرو پا گیا
یہ کہاں اور ان کے اشارے کہاں
سبز گنبد حجاب نظر بن گیا

سچ تو یہ ہے محمدؐ سدھارے کہاں
ہم کو لے دے کے اس در کا ہے آسرا
اُٹھ کے جائیں نگاہوں کے مارے کہاں
کالی کملی نہیں بحر رحمت ہے یہ
منہ چھپائیں گے عصیاں کے دھارے کہاں
آپ کے ہوتے اے سرورِ انبیاء
ڈھونڈنے جائے اُمت سہارے کہاں
بجلیاں تاک میں ہیں مدد کیجئے
اک نشیمن کہاں ، سو شرارے کہاں
خاکِ نعلین ملنا بھی معراج ہے
اتنے اونچے مقدر ہمارے کہاں
یاد فرمایئے اپنے بے ہوش کو
ہجر میں زندگانی گزارے کہاں

☆☆

تمہاری صورت زیبا پہ نازاں حق کی قدرت تھی
جہانِ آب و گل میں نور کی یہ ایک صورت تھی
یہ مانا اُن کے آنے کی زمانے کو ضرورت تھی
مگر یہ بھیجنے والے کی بھی ہم پر عنایت تھی
تمہارے چاہنے والے نہ پلٹے جادۂ حق سے
اذیت جسم پر لب پر احد دل میں صداقت تھی

مسلسل سنگ باری پر دعائیں دی ہیں طائف میں
خدا شاہد ہے امت سے تمھیں کتنی محبت تھی

دیا درسِ عمل اُمت کو پہلے خود عمل کر کے
کہ دن بھر کارِ اُمت رات بھر حق کی عبادت تھی

نکو کارانِ اُمت کا صلہ جنت سہی لیکن
گنہگاروں کی قسمت میں تو حضرت کی شفاعت تھی

تعجب کیا اگر ٹپکا کمر سے آگیا باہر
یہ نوری جسم پر پتھر بندھا تھا اس پہ حیرت تھی

حنین و بدر و خیبر ہو کہ خندق کا غزوہ ہو
تمہارا سامنا کرتا کوئی یہ کس میں ہمت تھی

فرشتے دیکھ کر بے ہوش کو محشر میں بول اُٹھے
کہ آخر وقت بھی اس کے لبوں پر مدحِ حضرت تھی

☆☆

عرشِ اعلیٰ پہ ہے حضرت کا قدم آج کی رات
کھل گیا طائرِ سدرہ کا بھرم آج کی رات

امتی جتنا کرم لوٹیں ہے کم آج کی رات
سامنے حق کے ہیں سلطان اُمم آج کی رات

عبد و رب میں نہ رہا پردۂ حائل کوئی
مٹ گیا فرقِ حدوث اور قدم آج کی رات

قاب قوسین کی روداد کا اجمال ہے یہ

ہوگئے عاشق و معشوق بہم آج کی رات
کھل گیا راز الیٰ عبدہٖ ما اوحیٰ سے
ذاتِ حق خود ہوئی مائل بہ کرم آج کی رات
دیکھ کر نازشِ آدم کی یہ شان پرواز
گھٹ گیا سینے میں ابلیس کا دم آج کی رات
آپ کے صدقے میں اُمت نے بھی پایا ہے عروج
خیرِ اُمت کا لقب پاگئے ہم آج کی رات
سن کے اعلان کہ مومن کی ہے معراج نماز
رقص کرنے لگے خود لوح و قلم آج کی رات
نسبت نقشِ قدم ہی کو سمجھ لے بیہوشؔ
تجھ کو نعلین محمدؐ کی قسم آج کی رات

☆☆

دل سے گنبدِ خضرا جب قریب ہوتا ہے
اُن کی یاد کا لمحہ کچھ عجیب ہوتا ہے
جو مدینہ دیکھی ہے اُس نگاہ کے قرباں
خواب میں بھی یہ منظر کب نصیب ہوتا ہے
اُن کا چاہنے والا کیوں نہ ہو حق کو پیارا
جو حبیب کو چاہے وہ حبیب ہوتا ہے
کس قدر مجرب ہے ہر مریض غم اُن کا
سنتے ہیں مسیحا کا وہ طبیب ہوتا ہے

یہ نبیؐ کی چاہت بھی کم نہیں معیت سے
دل پہ فیض نسبت بھی کچھ عجیب ہوتا ہے
خود براق بنتا ہے عشق صاحب اسریٰ
عاشقِ محمدؐ سے رب قریب ہوتا ہے
شان ہی نرالی ہے طیبہ جانے والے کی
جا کے جو نہیں آتا خوش نصیب ہوتا ہے
رشک سے سلاطیں بھی تاج پھینک دیتے ہیں
دامنِ محمدؐ میں جب غریب ہوتا ہے
اپنی محویت کا بھی ہوش ہے مجھے بے ہوش
بے خودی کے عالم میں دل نقیب ہوتا ہے

☆☆

جاگے نظروں کا مقدر تو مزہ آجائے
دیکھوں طیبہ جو مکرر تو مزہ آجائے
سیرتِ پاک کا ہر سانچہ ہے تیار مگر
آئے مومن کوئی ڈھل کر تو مزہ آجائے
دل میں یاد ان کی زباں پر بھی ہے ان کے اذکار
بزم ہوجائے منور تو مزہ آجائے
ان کی تعلیم میں ملت کی ہے تعمیر کا راز
بولنے والے عمل کر تو مزہ آجائے
لا الہ میں تو ہے تاثیر وہی اب بھی مگر

کلمہ پڑھنے لگیں پتھر تو مزہ آجائے
فتح مکہ پہ وہ سرکار کی نیچی نظریں
دیدہ ور دیکھ لے منظر تو مزہ آجائے
وہ محمدؐ ہی تھے سدرہ سے پرے جا بھی سکے
دیکھیں جبریل بھی بڑھ کر تو مزہ آجائے
وہ محمدؐ ہی تھے سدرہ سے پرے جا بھی سکے
دیکھیں جبریل بھی بڑھ کر تو مزہ آجائے
دیدِ محبوب خدا کا تو ہے ارماں سب کو
آئیں پردے سے نکل کر تو مزہ آجائے
سوئے بیہوش سرِ حشر سراپا رحمت
اک نظر ڈالیں جو ہنس کر تو مزہ آجائے

☆☆

نور حق رب کا منشا مدینے میں ہے
حق کے بندوں کا آقا مدینے میں ہے
ذاتِ مطلق کا جلوہ مدینہ میں ہے
کنت کنزاً کا پردہ مدینے میں ہے
اپنی پرشش کی پروا نہیں حشر میں
عاصیوں کا سہارا مدینے میں ہے
کوئی مایوس اس در سے لوٹا نہیں
دونوں عالم کا داتا مدینے میں ہے

جس کے دامن میں رحمت ہی رحمت چھپی
وہ مرا کملی والا مدینے میں ہے
دونوں عالم ہی کیا جگمگا جائیں دل
ایک ایسا اُجالا مدینے میں ہے
جس کا ادنیٰ سا پرتو ہیں شمس و قمر
وہ سراجاً منیرا مدینے میں ہے
صورت عبد میں ڈھل کے جو آ گیا
نور کا اک تماشا مدینے میں ہے
ہوش آجائے گر دیکھے بے ہوش اُسے
اس کرامت کا چہرہ مدینے میں ہے

☆☆

دن رات ہے رحمت کی برسات مدینے میں
اک عمر سے بہتر ہے اک رات مدینے میں
اقصیٰ بھی مقدس ہے کعبہ بھی مقدس ہے
پر سب سے نرالی ہے اک بات مدینے میں
ہر زائر طیبہ کی پیشانی ملک چومے
بڑھ جاتے ہیں انساں کے درجات مدینے میں
خوش بخت ہے وہ جسکو دیدار محمدؐ ہو
کھل جاتی ہے آنکھوں کی اوقات مدینے میں

جس نور سے روشن ہیں یہ شمس و قمر دونوں
اس نور کے دیکھے ہیں ذرات مدینے میں
جنت کا تصور تھا دیکھا جو وہاں جاکر
جنت سے بھی بہتر ہیں حالات مدینے میں
بے ہوش کے دامن میں کچھ اشک کے موتی ہیں
پہونچا دے خدارا یہ سوغات مدینے میں

☆☆

آپؐ محبوبِ خدا ، نورِ خدا ، شانِ خدا
شکل ظاہر پہ کسے آپؐ کا ہمسر سمجھوں
کسی انسان میں یہ وصف یہ قدرت بھی ہے
جسم سے ٹپکا نکل آئے لطافت بھی ہے
اک اشارے سے قمر شق ہو یہ ہمت بھی ہے

مظہر ذات قدم ، ماریں نہ دم لوح و قلم
کیوں نہ میں آپؐ کو خود ذات کا مظہر سمجھوں
دونوں عالم کی نگاہوں میں ہے معراج کی رات
نکلی آغوشِ حرم سے سوئے اقصیٰ یہ ذات
پیچھے صف باندھے کے حاضر تھی رسولوں کی برات
آپؐ کی شانِ امامت پہ فدا تھے آدمؑ
کیا خطا ہے جو رسولوں کا بھی افسر سمجھوں

☆☆

جنت کی فضا مانگ نہ جینے کی دعا مانگ
مومن ہے تو عشق شہ لولاک لما مانگ
اللہ سے اے واقف اسرار خدا مانگ
اتنا ہے محمدؐ کو خدا سے نہ جدا مانگ
تو حشمت یوسف نہ سلیماں کی عطا مانگ
ہر وقت اویس قرنی ہی کی ادا مانگ
لا تدرک الابصار کو سن کر نہ ہو مایوس
اے طالب حق دیدِ پیمبر کی دعا مانگ
تو چاہے کہ حضرت کا کرم تجھ پہ ہو فوراً
اے دست طلب آلِ محمدؐ کی ولا مانگ
وہ اپنے کرم سے جو تجھے اذنِ طلب دیں
کچھ اور نہ اُن سے بھی کبھی ان کے سوا مانگ

قسمت سے جو مل جائے تجھے درد محبت
بد بخت نہ بن درد کی ہرگز دوا نہ مانگ
خود جنت رضواں کو تمنا ہے اسی کی
اے مانگنے والے تو مدینے کی ہوا مانگ
وہ شافع محشر بھی ہیں اور رحمت کُل بھی
ہر چیز وہ دے سکتے ہیں چل ہاتھ اُٹھا مانگ

سرکار مرے ہاشمی و مُطلّبی ہیں
وہ خود ہیں سخی ابن سخی سامنے آ مانگ
تقدیر سے ہاتھ آئی ہے بے ہوش یہ ساعت
وہ سامنے ہیں ہوش کا انداز نیا مانگ

☆☆

طیبہ کی طرف احباب چلے پھر یاد مدینہ آئی ہے
پھر گنبد خضرا کی سبزی آنکھوں میں مری لہرائی ہے
اے قافلے والو شام وسحر مسعود ہو یہ طیبہ کا سفر
پہنچا دو وہاں تک یہ بھی خبر پھر دید کی حسرت چھائی
ہے
یاد آتی ہے رہ رہ کر وہ فضا وہ داخلہ باب رحمت کا
دن رات یہاں محسوس ہوا حضرت کی سواری آئی ہے
اللہ رے روضے کا عالم افلاک کا سر ہے اس جا خم
ہے عرش بھی جس کے زیرِ قدم اس نور کی یہ چھائی
ہے
آقائے دو عالم کا مسکن قرباں ہیں جس پر جان وتن
فردوس نے یہ نزہت یہ پھبن صدقے میں اسی کے
پائی ہے
کسطرح کہے دکھڑا سارا ہے مہر بلب غم کا مارا
سرکار پہ روشن ہے سب کچھ جو دل کی مرے گہرائی

ہے

مانا کہ وہ غرقِ عصیاں تھا بے ہوش پہ فضل یزداں تھا
محبوبِ خدا کا ثنا خواں تھا یہ بات خدا کو بھائی ہے

☆☆

تم دو عالم کے ہو مختار رسولِ عربی
رحمت عام کے گلزار رسول عربی
ہیں شہادت میں اگر انا فتحنا کی ضیاء
غیب میں معدن اسرار رسولِ عربی
آپ کے نور سے رخشاں ہوئی کعبے کی زمیں
کعبے کے قبلۂ انور رسول عربی
ہاں وہی قبلۂ اول وہ حریم اقصیٰ
تیری معراج کا شہکار رسول عربی
جس میں نبیوں نے ترے ساتھ ادا کی تھی نماز
اے امامت کے سزاوار رسول عربی
اب اسی مسجدِ اقصیٰ کے بہ آواز بلند
چیختے ہیں در و دیوار رسولِ عربی
چاہنے والے ترے زندہ بھی جل سکتے ہیں
ہے یہ ایمان کا معیار رسول عربی
ہے جو داؤد کی منزل جو سلیمان کا تخت
ہے جو موسیٰ کا بھی گلزار رسولِ عربی

تیری اُمت کو ہے درکار سہارا تیرا
ہم تو ہیں مرنے کو تیار رسول عربی
پار دریا جو ہوئے تھے جو بنی اسرائیل
تیری رحمت کا تھا اظہار رسول عربی
عرض بے ہوشؔ کی ہے فتح عدو پر ہو عطا
اپنی اُمت کے طرفدار رسول عربی

☆☆

ہوش عبدیت سے انتخاب

نعت لکھنی ہے حضورؐ آپ کو کیا کیا لکھوں
پر تو ذات لکھوں ، ذات کا پردہ لکھوں
دونوں عالم کی ہر اک شئے کی تمہیں ہو بنیاد
یدِ بیضاء دم عیسیٰ کہو اب کیا لکھوں
مرتبہ آپ کا قرآں سے سمجھ میں آیا
تمہیں یٰسین لکھوں یا تمہیں طٰہٰ لکھوں
آپ کی دید سے ظاہر ہوا حق کا منشا
رُخِ زیبا کو میں قرآن کا پارہ لکھوں
واصلِ ذات بھی ہو شاملِ مخلوق بھی ہو
تمہیں باخطِ جلی برزخ کبریٰ لکھوں
ان کے جلوؤں سے ہے معمور مرا دل تنہا
کیوں نہ میں دل کو مرے گنبد خضریٰ لکھوں
ارض طیبہ تری آغوش میں ہیں ختم رسل
مجھ سے پوچھے کوئی جنت تو مدینہ لکھوں
منزل قرب کی ہر ایک ادا یاد تو ہے
قاب قوسین ، لکھوں یا فتدلی لکھوں
آپ بے ہوشؔ کے آقا بھی ہیں ہوش کل بھی
ذات مطلق کی انا کا تمہیں منشا لکھوں

☆☆

رئیس الانبیاء آئے شفیع المذنبین آئے
گنہگارو مبارک رحمۃ للعالمین آئے
شہِ لولاک مقصودِ ازل دُرِّ ثمیں آئے
مبارک کنت کنزا مخفیا کے دل نشیں آئے
بصارت کیا بصیرت لوٹ آئے فیضِ پنہاں سے
جو نابینا کے خوابوں میں وہ چشمِ سرمگیں آئے
نہ ہو مرہون رحمت کیوں نہ اب عالم کا ہر ذرّہ
مرے سرکار بن کر رحمۃ للعالمین آئے
نہ جانے کب سے یہ بے ہوش تھا عشق و محبت میں
مقدر دیکھئے خود ہوشِ کل اس کے قریں آئے

☆☆

رحمت مجسم ہے بات ان کی پیاری ہے
آخری نبی ہیں یہ فیض ان کا جاری ہے
بحر ہیں مرے آقا ہر نبیؐ ہے اک قطرہ
مہر و ماہ ہر تارا در کا اک بھکاری ہے
یہ حبیب داور ہیں اور شفیعِ محشر ہیں
ان ہی کا یہ صدقہ ہے جنت اب ہماری ہے
مرکز شریعت ہیں مصدر طریقت ہیں
ہر کلی ولایت کی آپ نے نکھاری ہے
نور لا الہ سے حق کی راہ دکھلائی

اس صدا سے باطل پر اب بھی لرزہ طاری ہے
صدقہ کیا کرے بے ہوشؔ اب تمہارے قدموں پر
جان کس طرح وارے جان بھی تمہاری ہے

☆☆

شب اسریٰ کی راہوں میں جو اقصیٰ کا مقام آیا
ملائک چیخ اٹھے خوش ہو کے نبیوں کا امام آیا
دکھادی حق نے عظمت انبیاء کو اس تعارف سے
یہی ہیں وہ تمہارے لب پہ اکثر جن کا نام آیا
نبی وہ ہے مقلد ہے جو آئین محمدؐ کا
ولی وہ ہے کہ جس کو آپ کا ربطِ دوام آیا
جو گزرے یاد میں ان کی حیات معتبر وہ ہے
وہ مومن ہے جسے ان کا تصور صبح و شام آیا
نگاہِ ساقیٔ کوثر نے بخشی ہے جنھیں مستی
پلٹ کر بھی نہ دیکھیں گر انھیں کوثر کا جام آیا
تصدق چشمِ مازاغ البصر کے دیکھ کر جلوہ
نہ ٹھٹکی اور نہ جھپکی جب مقامِ انضمام آیا
میں بیخود ہی سہی بے ہوشؔ لیکن فیض نسبت سے
مرا ہوش عقیدت ہر قدم پر میرے کام آیا

☆☆

وہی ہیں یقیں و گماں دینے والے

زمانے کو حق کا نشاں دینے والے

غلاموں کو باغ جناں دینے والے
مدینے میں ہیں دو جہاں دینے والے
اگر آپ چاہیں تو پتھر ہو گویا
کہ ہیں بے زباں کو زباں دینے والے
وہ جذبہ صحابہؓ کا اللہ اکبر
نبیؐ کے اشارے پہ جاں دینے والے
جو پیرو ہے ان کا وہ حق کا ہے پیارا
مکاں کیا یہ ہیں لامکاں دینے والے
ادھر بھی ہو لطف و کرم شاہِ والا
نہاں دینے والے عیاں دینے والے
ہیں اب بھی زمانے میں پوشیدہ ایسے
سبق معرفت کا نہاں دینے والے
غلامانِ حضرت کا رتبہ تو دیکھو
ہیں کعبے کی چھت پر اذاں دینے والے
گنہگار بے ہوش کا ہیں سہارا
وہ بے گھر کو ہیں آستاں دینے والے

☆☆

عطا کردو خدارا یا نبی مٹی مدینے کی

تمنا ہے بنے مٹی مری مٹی مدینے کی
مرے خالق کی نظروں میں بچی مٹی مدینے کی
جہاں میں ہے بعنوانِ جلی مٹی مدینے کی
نبیؐ کے سجدوں سے جو مل گئی مٹی مدینے کی
منور ہوگئی ہے دائمی مٹی مدینے کی
لئے پھرتی ہے اپنے دوش پر بادِ صبا اکثر
نبیؐ کے قدموں سے مہکی ہوئی مٹی مدینے کی
ہیں رشکِ طور یہ ذرات سارے ارض طیبہ کے
زمانے کی بنی ہے روشنی مٹی مدینے کی
درِ اقدس پہ اک میلہ لگا ہے جاں نثاروں کا
مقدر اس کا جسکو مل گئی مٹی مدینے کی
سوئے فردوس جانے سے نہ روکا مجھ کو رضواں نے
مرے ماتھے پہ شاید دیکھ لی مٹی مدینے کی
مبارک ہو تجھے خلد بریں کی آرزو زاہد
مری قسمت میں ہے لکھی ہوئی مٹی مدینے کی
مرے سرکار کے قدموں کا یہ اعجاز تو دیکھو
اُجالے بانٹتی ہے آج بھی مٹی مدینے کی
شہہِ لولاک کے جلوے بسے ہیں میری آنکھوں میں
مری آنکھوں کا سرمہ بن گئی مٹی مدینے کی

ابھی اک آن میں بے ہوش کو بھی ہوش آئے گا
سنگھا دے گر اسے لا کر کوئی مٹی مدینے کی

☆☆

آپ نبیوں کے بھی ہیں نبیؐ
اقتدا سب نے کی آپ کی
چاند سورج کی کیا روشنی
اک جھلک ہے حضورؐ آپ کی
پاس اُمت رہا ہر گھڑی
لب پہ تھا امتی امتی
ان کے صدقے میں پلتے ہیں سب
کوئی عاصی ہو یا متقی
نام احمد میں ہے وہ اثر
ہر بلا ہر مصیبت ٹلی
وجہ تخلیق عالم ہو تم
تم سے ہے زندگی زندگی
گلشن مصطفیٰ ہے سجا
مدح کرتی ہے اک اک کلی
آپ مثل بشر کیا بنے
آئی صورت میں بے صورتی

190

پائے سرور پہ بے ہوش ہوں
میری قسمت ہے کتنی بڑی

☆☆

وہ وحدت کا سر نہاں ہیں محمدؐ
کہ خود راز ہیں راز داں ہیں محمدؐ
زمیں ہیں محمدؐ زماں ہیں محمدؐ
مکانوں سے تا لامکاں ہیں محمدؐ
محمدؐ کے جلوے ہیں ارض و سما میں
نظر ہے تو سب میں عیاں ہیں محمدؐ
محمدؐ، محمدؐ وظیفہ ہے میرا
مری جان کیا جان جاں ہیں محمدؐ
نہ بھٹکا کوئی راہرو راہ حق میں
شریعت کے خود پاسباں ہیں محمدؐ
کبھی فرش پر ہیں کبھی عرش پر ہیں
یہاں ہیں محمدؐ وہاں ہیں محمدؐ
محمدؐ کے لہجے میں رب بولتا ہے
مشیت کی گویا زباں ہیں محمدؐ
نہ ہوتا کبھی ربط بندے کا رب سے
خدا کی قسم درمیاں ہیں محمدؐ
وہ پردہ اٹھادیں تو بے ہوش ہوں میں

رہے ہوش تو ہوش جاں ہیں محمدؐ

☆☆

نورِ نبیؐ ہی نورِ خدا ہے ، نورِ نبیؐ کی بات نہ پوچھو
جس کے صفات آئیں نہ سمجھ میں، اسکا مقام ذات نہ پوچھو
لفظ نہیں اظہار کے قابل، قلب کے احساسات نہ پوچھو
بولتا قراں ہیں جو محمدؐ، ان کے ارشادات نہ پوچھو
نور کی بارش آٹھوں پہر ہے ، رات یہاں کی مثل سحر ہے
شہر مدینہ خلد نظر ہے ، کیسے ہیں دن رات نہ پوچھو
زندگی میری عشق نبیؐ ہے ، ہجر میں لیکن جاں پہ بنی ہے
ایک اک لمحہ اک اک صدی ہے ، کیسے کٹے لمحات نہ پوچھے
ذات خدا بے مثل وغنی ہے ، اس کے یہاں کس شئے کی کمی ہے
دینے والا سب کو وہی ہے ، لیکن ہے کس کا ہاتھ نہ پوچھو
جود و سخا کا بہتا ہے دریا ، سب کو بلاکر دیتے ہیں آقا
کس کا دامن کتنا بھرا ہے ، کتنی ملی خیرات نہ پوچھو
سب کچھ ہے اک نسبت سرور ، قلب منور روح منور
ناز ہے مجھ کو کس کے کرم پر ، کون ہے میرے ساتھ نہ پوچھو
بے ہوشؔ ان کا ہوں میں سگ در ، جن کی نظر ہے میرا مقدر
مجھ کو ازل سے ناز ہے اس پر ، ورنہ میری اوقات نہ پوچھو

☆☆

ہیں ارض و سما مظہر انوارِ محمدؐ

ہیں کون و مکاں منظر آثارِ محمدؐ
کیا عرض کریں گرمیٔ بازار محمدؐ
خود رب محمدؐ ہے خریدار محمدؐ
محدود نہیں وسعت دربار محمدؐ
جب فرش سے تا عرش ہے گلزار محمدؐ
ملتا ہے اسے حق کی عبادت کا سلیقہ
جو بندۂ مخلص ہے پرستار محمدؐ
ایوانِ قدم کس کی تجلی سے ہے روشن
خود سوچئے ہے کون طلبگار محمدؐ
خاکِ در والا کا ہے جس آنکھ میں سرمہ
زیبا ہے اسی آنکھ کو دیدارِ محمدؐ
سدرہ پہ ہوئی ختم جو جبریل کی پرواز
طے کرگئی ہر فاصلہ رفتارِ محمدؐ
ہے اس کی نظر پردہ کشائے دم عیسیٰ
بڑھ کر ہے مسیحا سے بھی بیمار محمدؐ
ہے ہوشِ خودی حائل ادراکِ حقیقت
بے ہوش پر کھل جاتے ہیں اسرار محمدؐ

☆☆

مزمل و مدثر و طٰہٰ نہیں کوئی
کونین میں اس شان کا آقا نہیں کوئی

سجدے ہیں زمیں پر تو قدم عرش بریں پر
سرکار مرے آپ سا بندہ نہیں کوئی

اے طالب دیدارِ نبیؐ ہوش میں رہنا
طیبہ ہے یہ برق سر سینا نہیں کوئی

قوسین کی منزل میں کھلیں راز کی باتیں
محبوب کا محبوب سے پردہ نہیں کوئی

کلمے میں اذانوں میں بھی ہے نام تمہارا
کیا شان تمہاری ہے یہ سمجھا نہیں کوئی

محتاجِ مسیحا نہیں بیمار محمدؐ
یہ درد وہ ہے جس کا مداوا نہیں کوئی

جو نقش کف پائے نبیؐ پر نہ ادا ہو
سجدہ مری نظروں میں وہ سجدہ نہیں کوئی

بھر جاتے ہیں دامن یہاں سب شاہ و گدا کے
خالی در سرکار سے جاتا نہیں کوئی

جیتا ہوں میں سرکار کی رحمت کے سہارے
جینے کا مرے اور سہارا نہیں کوئی

ہے منزل حق پر جو پہنچنے کی تمنا
طیبہ کے سوا دوسرا رستہ نہیں کوئی

بے ہوشؔ یہ سب فیض ہے اس نور ازل کا
مجھ کو تو کسی بات کا دعویٰ نہیں کوئی

☆☆

تزئین گلستاں ہے گفتار محمدؐ سے
تخلیق بہاراں ہے رفتار محمدؐ سے
کونین کی ہر شئے ہے آثار محمدؐ سے
خود عرش کی زینت ہے انوار محمدؐ سے
وہ رحمت عالم ہے وہ خیر مجسم ہے
ہر خیر اُبھرتا ہے کردار محمدؐ سے
اللہ کا سرمایہ اور داد و دہش ان کی
خالی نہ پھرا کوئی دربار محمدؐ سے
ان پھولوں کی برکت سے فردوس کی عظمت ہے
جو پھول نکلتے ہیں گلزار محمدؐ سے
میخانہ وحدت کی رونق ہے تو اس سے ہے
اچھی نہیں گستاخی سرشار محمدؐ سے
خود اپنی ہی ہستی سے بے ہوش نہیں واقف
یہ رمز بھی ہے شاید اسرار محمدؐ سے

☆☆

جلوہ مرے سرکار کا ایسا نظر آئے
میں بند کروں آنکھ وہ چہرہ نظر آئے
انوارِ الٰہی کا تماشا نظر آئے

سب کچھ نظر آئے جو مدینہ نظر آئے
آنکھوں میں جہاں اشک کے دریا نظر آئے

مائل بہ کرم صاحب اسریٰ نظر آئے
کونین کی تخلیق کا منشا ہوا پورا

جب روئے زمیں پر مرے آقا نظر آئے
وہ روشنی قلب و نظر دے مجھے یا رب

جب یاد کروں گنبدِ خضریٰ نظر آئے
انساں تو پھر انساں ہے شجر اور حجر بھی

اک فیض نظر سے ترے گویا نظر آئے
اللہ کا دیرا ہے پردے میں نبیؐ کے

پردہ اگر اٹھ جائے تو پھر کیا نظر آئے

کوثر ہو کہ قوسین ہو یا عرش معلیٰ
محبوب خدا ہر جگہ تنہا نظر آئے

بے ہوشؔ مکمل جو ترا ہوش نظر ہے
ہر ذرے میں وہ نور سراپا نظر آئے

☆☆

کُنتُ نبیاً کا ارشاد حبّذا اچھا لگا
آپ کے انوار کا یہ سلسلہ اچھا لگا

وہ مقام لی مع اللہ آپ کا اچھا لگا
سرور کونین کا یہ مرتبہ اچھا لگا
مسجد اقصیٰ کا نظارہ بڑا اچھا لگا
انبیاء میں وہ امام الانبیاء اچھا لگا
جب گئے نعلین پہنے عرش اعظم پر حضورؐ
آپ کی نعلین کا وہ ارتقا اچھا لگا
عرش پر سرکار کا اسم مبارک دیکھ کر
حضرت آدم کو اس کا واسطہ اچھا لگا
ہیں صحابہ جو مرے سرکار کو گھیرے ہوئے
ہم تو کیا خالق کو بھی یہ دائرہ اچھا لگا
نور اول عبد کامل بن کے جو ظاہر ہوا
یا نبیؐ اس عبدیت کا معجزہ اچھا لگا

کی ثنا قرآن میں اللہ نے سرکار کی
آپ کا یہ تذکرہ صلِ علیٰ اچھا لگا
نقش پا پر ماہ و انجم کہکشاں قربان ہیں
شاہ طیبہ کا مجھے ہر نقش پا اچھا لگا

☆☆

جب فکر و نظر کے مدِّ نظر سرکار کی سیرت ہوتی ہے
اس آنکھ میں عبرت ہوتی ہے اس دل میں بصیرت ہوتی ہے

اخلاص بھری جن آنکھوں میں سرکار کی عظمت ہوتی ہے
ہر گام پہ ان کے پیش نظر تعمیل شریعت ہوتی ہے
مانا بھی جو ان کو کیا مانا تعمیل سے دل ہے بیگانہ
تعمیل مکمل سے حاصل ایمان کی دولت ہوتی ہے
دعوائے محبت عام تو ہے عرفانِ محمدؐ عام نہیں
ہر نقش قدم سے وابستہ اللہ کی رحمت ہوتی ہے
کچھ اور تڑپ اے ذوق طلب کچھ اور بڑھادے رنج و تعب
طیبہ وہی جاتے ہیں جن کو حضرت کی اجازت ہوتی ہے
اس ختم رسل کا کیا کہنا محبوب خدا ہے صلِّ علیٰ
ہر نقش کف پا سے روشن اک شمع ہدایت ہوتی ہے
اللہ محبت کرتا ہے محبوب کے ہر دیوانے سے
اس دل کا مقدر جس دل میں حضرت کی محبت ہوتی ہے
بے پردہ جو آئیں کیا ہوگا اک محشر نو برپا ہوگا
جب ان کے تصور سے اتنی روشن شب فرقت ہوتی ہے
بے ہوشؔ کو ان کی راہوں میں کچھ اس کے سوا اب ہوش نہیں
جو ترک خودی کردیتا ہے بس اس کی شفاعت ہوتی ہے

☆☆

میرے آقا کی ایک اک ادا معجزہ
چلنا پھرنا بھی ہے آپ کا معجزہ
زیست کا لمحہ لمحہ رہا معجزہ

ابتداء معجزہ انتہا معجزہ
نور مطلق کی صورت کہاں ہے کوئی
شکل انساں میں آنا بنا معجزہ
انگلیوں سے جو چشمے رواں ہوگئے
یہ بھی ہے میرے سرکار کا معجزہ
معجزہ معجزہ ہے ہر اک حال میں
کوئی چھوٹا نہ کوئی بڑا معجزہ
علم کا شہر ہیں جب کہ آقا مرے
ہے یہ اُمی لقب آپ کا معجزہ
عقل عاجز ہے ادراک سے آپ کے
آپ کا ہے ہر اک مرتبہ معجزہ
نورِ حق پر تقید کا اطلاق کیا
سبز گنبد میں چھپنا بنا معجزہ
اُلفت ہوش کل میں میں بے ہوش ہوں
میرا جینا ہے سرکار کا معجزہ

☆☆

حضورؐ آئے کسی کے منہ سے گر پیہم نکل جائے
تو استقبال کو سینے سے میرا دم نکل جائے
زلیخا دیکھ لے سرکار کے گیسو اگر اک دن
تو دل سے حسنِ یوسف کا بھی پیچ وخم نکل جائے

اگر اس حسنِ عالم سوز کے رُخ سے نقاب اُٹھے
نہ جانے بیخودی میں کس طرف عالم نکل جائے
نگاہِ مست احمد آنکھ بھر کر دیکھ لی جس نے
سراپا وجد کے عالم میں جام جم نکل جائے
تجلی مصحف رُخ کی اگر پڑ جائے کافر پر
بھلا کر کفر لے کر دین کا پرچم نکل جائے
یہ ڈر ہے عشق احمد میں نہ اُٹھے نوح کا طوفاں
اگر حسرت تری اے دیدۂ پُرنم نکل جائے
نکل سکتا نہیں بے ہوش کے دل کا اگر ارماں
تمہارے آستاں پر دم ہی کم سے کم نکل جائے

☆☆

ہیں مدینے میں سب یہ کہتے ہیں
میرے دل میں حضورؐ رہتے ہیں
جو ہیں ان کے رہیں گے ان کی طرف
کب زمانے کے ساتھ بہتے ہیں

ہم کو طوفاں ڈرا نہیں سکتے
ان کے در سے چمٹ کے رہتے ہیں
حوصلہ ہے فقط حضورؐ کا یہ
کہ دعا دے کے ظلم سہتے ہیں

مرتبت یہ ہیں انبیاء کے امام
سب سے آگے حضورؐ رہتے ہیں
جو بھی آیا وہ تشنہ لب نہ رہا
یہاں دریا کرم کے بہتے ہیں
ہوش سے بے نیاز ہے بے ہوش
ہوشِ کل ساتھ ساتھ رہتے ہیں

☆☆

ہیں آنکھوں میں طیبہ کے جب سے نظارے
نظر میں سماتے نہیں چاند تارے
بدلتے ہیں رُخ تو بدل دیں کنارے
سفینہ ہے اپنا نبیؐ کے سہارے
انھیں کی شفاعت ہے ضامن ہماری
ہمیں بخشوائیں گے آقا ہمارے
نہیں خوف طوفاں کا دینِ نبیؐ کو
یہ کشتی پہنچ کر رہے گی کنارے
منور ہے ہر گوشہ سیرت کا اتنا
کہ روشن ہیں خود اس سے قرآں کے پارے
مقید نہیں نور شاہ مدینہ
نظر آئے ہر شئے میں ان کے نظارے
پڑے گی کہاں سرد خاکستر دل

ابھی عشق سرور کے ہیں کچھ شرارے
خود اپنی مثال آپ ہے نور آقا
یہاں کام دیتے نہیں استعارے
وہاں حشر تک رحمتیں ہیں خدا کی
جہاں عمر کے دن نبیؐ نے گزارے
ہے بے ہوش ہاتھوں میں آقا کا دامن
خدا کی قسم ہم نہیں بے سہارے

☆☆

دل میں پھر طیبہ نگر کی آرزو ہے دوستو
گنبدِ خضریٰ نظر کے روبرو ہے دوستو
آج بھی کون و مکاں کا ذرہ ذرہ ہے گواہ
روئے زیبا کی تجلی چار سو ہے دوستو
چل رہا ہے جن کے صدقے میں نظامِ کائنات
ذکر ان کا ان کی شہرت کوبہ کو ہے دوستو
جو کتابی شکل میں قرآں سے موسوم ہے
وہ خدا کی اور نبیؐ کی گفتگو ہے دوستو
سامنے سرکار کے اونچی نہ ہو آواز تک
حکم حق قرآن میں لاترفعوا ہے دوستو
ہم تو کیا حور و ملک کرتے ہیں روضے کا طواف
گنبدِ خضریٰ بھی کتنا خوبرو ہے دوستو

دو جہاں جن کے پسینے کی مہک سے مست ہیں
طیبہ کی گلیوں میں اب بھی ان کی بو ہے دوستو
کیا کرے کوئی شمار آقا کے احسانات کا
ان کے صدقے میں تو خلقت سرخرو ہے دوستو
ہوں غلام مصطفیٰ میری جبین شوق کو
شاہ دیں کے نقش پا کی جستجو ہے دوستو
ہو غلام مصطفیٰ میری جبین شوق کو
شاہ دیں کے نقش پا کی جستجو ہے دوستو
نعت گوئی کا شرف اس کو ملا سرکار سے
کہتے ہیں بے ہوشؔ شاعر خوش گلو ہے دوستو

☆☆

صدیق اکبر

خلافت کی ہے جن کی ابتداء صدیق اکبر ہیں
کہ پہلے جانشین مصطفیٰ صدیق اکبر ہیں
شعار دنیوی میں ہیں نمونہ رحمت حق کا
اُمور دین میں شمشیر خدا صدیق اکبر ہیں
زکوٰۃِ مال کا جب مسئلہ اُٹھا ہے ملت میں
ہوا ظاہر اصولی رہنما صدیق اکبر ہیں
نبیؐ کے نام پر معراج کی تصدیق فرمادی
صداقت کا عروج و منتہا صدیق اکبر ہیں

نبوت سے خلافت متصل ہے آپ کی حد تک
مسلم ہے کہ بعد انبیاء صدیق اکبر ہیں
مٹے فتنے چھٹی ظلمت اُجالا ہوگیا آخر
رہِ دینِ محمدؐ کی ضیاء صدیق اکبر ہیں
نہ بھولے گا زمانہ جرأت بے باک کا منظر
فضائے کفر میں حق کی صدا صدیق اکبر ہیں
بنی ہیں بے سرو سامانیاں ساماں خلافت کا
امیر صاحب واحد قبا صدیق اکبر ہیں
سنو بے ہوش کیا کہتے ہیں اہل ہوش حضرت کو
سفینہ دین ہے اور ناخدا صدیق اکبر ہیں

سلام

شافع روزِ محشر پہ لاکھوں سلام
مالک حوضِ کوثر پہ لاکھوں سلام
ظلمت کفر میں جو درخشاں ہوا
حق کے اس ماہِ انور پہ لاکھوں سلام
ہو کے مجروح طائف میں دی ہے دعا
رحمت حق کے مظہر پہ لاکھوں سلام
رات بھر کی نمازوں سے سوجھے ہیں پاؤں
عبد کامل کے پیکر پہ لاکھوں سلام

جس کی خوشبو سے دنیا معطر ہوئی
اس کی زلف معنبر پہ لاکھوں سلام
فکر اُمت میں جو سر بہ سجدہ رہا
اس علو مرتبت سر پہ لاکھوں سلام
ہے جو خیرالرسل خاتم الانبیاء
نازش ہر پیمبر پہ لاکھوں سلام
شکم اطہر پہ فاقوں میں باندھا جسے
سنگ کے اس مقدر پہ لاکھوں سلام
راہِ حق کا جو تنہا اُجالا بنا
اس چراغ منور پہ لاکھوں سلام
ساری مخلوق میں جس کا ہمسر نہیں
حق سے کم سب سے بہتر پہ لاکھوں سلام
پڑھئے بے ہوش پیش حبیب خدا
حق تعالیٰ کے دلبر پہ لاکھوں سلام

☆☆

بے ہوش محبوب نگری کے غیر مطبوعہ دکنی کلام سے انتخاب

ان کا رتبہ جو دکھایا تو تڑپ کو مرگئیں
پڑ کو قرآن سنایا تو تڑپ کو مرگئیں
باتاں نسبت کے سنایا تو تڑپ کو مرگئیں
رستہ طیبہ کا بتایا تو تڑپ کو مرگئیں
اہل سنت کے سوا کون نبی کو سمجھیا
حق کا جب سکہ جمایا تو تڑپ کو مرگئیں
جو بھی دیتا ہے خدا ہمنا ہے صدقہ ان کا
سب کو یہ راز بتایا تو تڑپ کو مرگئیں
دور تھے حب رسول عربی سے لوگاں
سو کو تھے جا کو جگایا تو تڑپ کو مرگئیں
جس نے دیکھا منجے اللہ کو اس نے دیکھیا
قول سرکار کا سنایا تو تڑپ کو مرگئیں
ہم کو جب دیتا ہے محمبوب کو کیا کچھ نہ دیا
ان کا درجہ جو دکھایا تو تڑپ کو مرگئیں
ان کی خاطر سے تو پیدا ہوئے دونوں عالم
یاد لولاک دلایا تو تڑپ کو مرگئیں

نجدی سائے میں بے ہوش تھے اکثر حولے
جا کو مئیں ہوش میں لایا تو تڑپ کو مرگئیں

☆☆

رحمتوں پو رحمتاں لارئیں کتے
اب محمد مصطفیٰ آرئیں کتے
آپ کے آتیچ دنیا میں بتاں
ہوندے منہ کعبے میں گر جارئیں کتے
کیسی پیاری ہونگی صورت آپ کی
چان تارے آنے شرمارئیں کتے
کیا سخاوت ہے مرے سرکار کی
جھولیاں بن مانگے بھر جارئیں کتے
سارے نبیاں دیکھنے کو آئے ہیں
عرش پو سرکار اب جارئیں کتے
عاصیو کیوں دم نکل رہا ئے حشر میں
اپنے سرکار آکو بخشارئیں کتے
ساتھ گئے تو جل کو جائیں گے سب پراں
سدرہ پو جبرئیل رک جارئیں کتے
اک جرا دیکھے تو بیڑا پار ہے
اس لئے بے ہوش الڑا رئیں کتے

☆☆

حشر میں ادھر ان کی امت کھڑی ہے
ادھر خود ہیں کھاندے پو کملی پڑی ہے
وہ ہونٹاں ہیں رحمت کے یاقوت جسے
وہ دانتاں ہیں یا موتیاں کی لڑی ہے
یہ ہاتاں ہیں یا اس کی قدرت کا نقشہ
یہ انگلیاں ہیں یا پنجتن کی گڑی ہے
نہ آرے سے کٹتی نہ عصیاں سے گھٹتی
کہ یہ اپنی نسبت کی پکی کڑی ہے
میں راتاں کو فرقت میں روتوں تڑپ کو
رکی آہ تو آنسوؤں کی لڑی ہے
سنیا ہوں مصیفت میں آکو بچاتیئں
چلے آؤ مجھ پو مصیفت پڑی ہے
اسی دن سے بے ہوش کہتی ہے دنیا
نجر جب سے ان کی نجر سے لڑی ہے

☆☆

کتابیات

سلسلہ	مصنف	تصنیف	مقام اشاعت	سنہ اشاعت
۱۔	ابن سیدہ	نقوش رسول		
۲۔	ابواللیث صدیقی	لکھنو کا دبستان شاعری	لکھنو	۱۹۸۰ء
۳۔	اطیب اعجاز	عالمی نعتیہ انتخاب (مرتبہ)	حیدرآباد	۲۰۰۴ء
۴۔	الطاف حسین حالیؔ	مسدس حالیؔ	دہلی	۲۰۰۳ء
۵۔	بے ہوشؔ محبوب نگری۔	ہوش عقیدت	حیدرآباد	۱۹۸۲ء
۶۔	بے ہوشؔ محبوب نگری۔	ہوش عبدیت	حیدرآباد	۲۰۰۴ء
۷۔	حلیم حاذق	اصول نعت گوئی	کلکتہ	۲۰۰۹ء
۸۔	عرشیہ جبین (ڈاکٹر)	تہنیت النساء تہنیتؔ شخصیت اور نعت گوئی۔	دہلی	۲۰۰۹ء
۹۔	فرمان فتح پوری	اردو کی نعتیہ شاعری	دہلی	۱۹۹۹ء
۱۰۔	سید اشفاق احمد	اردو میں نعتیہ شاعری	دہلی	۱۹۹۸ء
۱۱۔	سلیمان ندوی	سیرت النبی ﷺ	دہلی	۱۹۹۰ء
۱۲۔	شفیق بریلوی	اردو میں نعتیہ شاعری	کلکتہ	۲۰۰۲ء
۱۳۔	محمد جاوید	مخزن نعت	لاہور	۲۰۰۰ء
۱۴۔	مفتی محمد شفیع	معارف القرآن جلد ۵	دیوبند	۲۰۰۰ء
۱۵۔	ممتاز حسین	خیر البشر کے حضور میں	لاہور	۱۹۷۵ء

اخبارات

۱۔ روزنامہ سیاست۔ ۱۷ اکتوبر ۲۰۱۰ء
شخصی انٹرویو

۱۔ ڈاکٹر طیب پاشاہ قادری۔ ۱۱ نومبر ۲۰۱۰ء۔ حیدرآباد

۲۔ ڈاکٹر طیب پاشاہ قادری۔ ۱۵ جنوری ۲۰۱۱ء۔ حیدرآباد

☆☆☆☆

☆☆

☆